Hätte man Verstand,

brauchte man

keine Götter

Klaus Huber

Hätte man Verstand, brauchte man keine Götter

Religionskritik in Zitaten

Bibliografische Information der Deutschen Nationalbibliothek:
Die Deutsche Nationalbibliothek verzeichnet diese Publikation in der
Deutschen Nationalbibliografie;
detaillierte bibliografische Daten sind im Internet
über http://dnb.d-nb.de abrufbar.

Herstellung und Verlag: BoD - Books on Demand, Norderstedt
ISBN: 978-3-8423-4988-9

Inhaltsverzeichnis

Vorwort

Warum dieses Buch? Muss man ketzerische Zitate auch noch sammeln und veröffentlichen? Was treibt Menschen dazu, sich öffentlich über Religion zu ereifern? Weshalb diese offene Kritik an einem System, das doch offenbar Milliarden Menschen Trost und Zuversicht gibt? Aus welchen Gründen nörgelt jemand an der Religion, am Glauben, der Kirche, kurz: an allem herum, was so vielen Menschen so heilig ist?

Ich bin Mitte vierzig, glücklich verheiratet, habe zwei gesunde Kinder und erfüllende Hobbys. Meinem Beruf als Lehrer gehe ich gerne nach. Insgesamt lebe ich ein glückliches und zufriedenes Leben. Warum schreibe ich dieses Buch? Etwa wegen schlechter Erfahrungen mit der Kirche? Diese Vermutung wurde mir gegenüber öfters geäußert. Nein, ich hatte keine negativen Erlebnisse diesbezüglich, wurde auch nie von einem Priester geohrfeigt oder ähnliches. Ganz im Gegenteil: Ich habe viele positive Erinnerungen an meine Zeit als Ministrant und später in der katholischen Jugend.

Meine religiöse Sozialisation verlief freilich zunächst in vorgegebenen Bahnen. In ein katholisches Umfeld in der Nähe von Bruchsal (Nordbaden) hineingeboren, gab es für mich keine wirkliche Alternative zum katholischen Glauben und keine echten Zweifel an demselben. Religion und Kirche waren feste Bestandteile des familiären, schulischen und dörflichen Lebens. Die Teilnahme an Gottesdiensten, Erstkommunion und Firmung war für mich reine Formsache, eine vorausgesetzte Selbstverständlichkeit, keine wirklich bewusste und offene Glaubensentscheidung. Die kritische Auseinandersetzung mit dem Glauben beschränkte sich auf Fragen wie jene, ob für diensttuende Ministranten das Tragen von Turnschuhen angemessen ist oder nicht.

Erst viel später, mit Anfang Dreißig, setzte bei mir ein fundamentales Umdenken ein. Wenn ich mich zurückerinnere, was den Anlass dazu gab, so war es wohl ein Ende der neunziger Jahre selbst gebautes Spiegelteleskop. Der nächtliche Blick durch das Okular ließ mich über beeindruckende Galaxien in Millionen Lichtjahren Entfernung staunen. Die Schönheit und Faszination des Sternenhimmels mit seiner ungeheuerlichen Größe und seinen unglaublichen Phänomenen ließen mich neugierig werden auf Astronomie, Physik und Wissenschaft insgesamt.

In dieser Zeit fiel mir – ich weiß nicht mehr woher – das Buch „*5 Gründe, warum es die Welt nicht geben kann*" des amerikanischen Wissenschaftsautors James Trefil in die Hände. Er beschrieb darin die Suche der Physiker nach den tiefen Wahrheiten unserer Welt, nach den letzten Fragen der Menschheit: Wie begann die Welt? Woraus besteht sie? Woher kommen wir? Wie wird alles enden? Dass wir erstmals in unserer Geschichte in der Lage sind, möglicherweise einigen dieser letzten Geheimnisse auf die Spur zu kommen, beeindruckte mich tief. Wir haben das Privileg, in einer außerordentlichen Zeit zu leben, einer Zeit, in der sich das Universum in Form unseres Gehirns seiner selbst bewusst wird und sich selbst immer mehr begreift. Ist es nicht fantastisch, für eine gewisse Zeit an dieser großen Reise der Menschheit durch Zeit und Raum zu den Grenzen des Kosmos und des Wissens Anteil zu haben?

Einige Bücher über Physik und Kosmologie später war für mich klar, dass die Wissenschaft diejenige war, die mir die Welt am besten erklären konnte. Wissenschaft begnügt sich nicht mit vagen, unüberprüfbaren Aussagen, sondern versucht, möglichst objektive und nachvollziehbare Erkenntnisse über die Welt zu gewinnen. Dabei unterlaufen auch Fehler, natürlich. Doch Wissenschaft entwickelt sich auch dadurch weiter, dass Modelle sich ständig aufs Neue beweisen und von Zeit zu Zeit angepasst oder durch bessere Ideen ersetzt werden müssen. Unter anderem diese Fähigkeit, Irrtümer einzugestehen und nach neuen Wegen zu suchen, unterscheidet sie grundsätzlich von religiösen Denksystemen, die an unantastbaren Dogmen geradezu festhalten *müssen*, wenn sie sich nicht selbst den Boden unter den Füßen wegziehen wollen.

Es war die Religion, die der Forschung immer wieder Knüppel zwischen die Beine warf: Die Erde ist nur ein Planet unter unzähligen? Das kann unmöglich sein. Der Mensch das zufällige, vorläufige Ergebnis der Evolution? Davon steht nichts in der Bibel.

Man stelle sich vor, wie unser Wissen über die Welt heute aussähe, wenn nicht mutige Forscher wie Giordano Bruno solch grenzenloser Dummheit und Ignoranz widersprochen hätten. Und man stelle sich weiterhin vor, wo wir heute ständen, wenn nicht die Religion über Jahrhunderte Wissenschaft, Fortschritt und Menschenrechte blockiert hätte.

Jedenfalls gärte es einige Jahre in mir, ehe mir klar wurde, dass die Kluft zwischen meinen vorherigen religiösen Überzeugungen und der offenkundigen Realität unüberbrückbar war. Es dauerte lange, über drei Lebensjahrzehnte, bis ich mich der starken Fesseln der religiösen Sozialisation entledigen konnte. Endlich, im Jahre 2009, trat ich aus der katholischen Kirche aus – ein sehr bewusster, befreiender Schritt. Damit hätte ich es bewenden lassen können. Doch wieso sollte ich mich nicht offen zu meinen Überzeugungen bekennen? Auf dem Gebiet der Weltanschauungen sind so viele lautstarke Marktschreier am Werke, die für ihre abstrusen Überzeugungen werben, dass es erlaubt sein muss, einige kritische Gegenbemerkungen anzubringen. Wer sich davon angegriffen fühlt, der sollte sein Verhältnis zur Toleranz und Meinungsvielfalt einer kritischen Prüfung unterziehen.

Wohl keine andere meiner Lebensentscheidungen war so gründlich durchdacht wie der Abschied von Kirche, Religion und Gott. Über dreißig Jahre meines Lebens hatte es gedauert, bis ich die Zwänge frühkindlicher religiöser Indoktrination ablegen und eine fundierte naturalistische, humanistische Weltanschauung entwickeln konnte. In dieser geht es mit „rechten Dingen" zu. Da gibt es keine Seele, die den Tod überdauert, kein Jenseits, das auf uns wartet, keine Wunder und keine Engel. Nicht Götter, Elfen oder Sternzeichen beeinflussen den Lauf der Dinge, sondern allein die Naturgesetze. Etwas anderes wurde niemals beobachtet. Klingt langweilig? Das ist es absolut nicht. Die Erforschung der Welt hat derart faszinierende und phantastische Phänomene zutage gefördert, dass wir auf alles eingebildete Transzendente problemlos verzichten können.

In erster Linie interessiert mich die Wahrheit. Und wenn Religionen die Unwahrheit verbreiten, lässt mich das ebenso wenig kalt wie mein zweites Anliegen: Der Schutz der Menschenrechte, die so oft unter dem Schutzmantel der Religion oder der religiösen Toleranz mit Füßen getreten werden. Insofern halte ich religiöse Überzeugungen nicht per se für schützenswert. Auch und gerade sie sind kritisierbar.

Ich meine, dass es Anlass genug gibt, sich öffentlich und kritisch über Religion und ihre Auswirkungen zu äußern. Religion verhindert Denken, Fortschritt und Humanismus.

Darum dieses Buch.

Vorwort zur 6. Auflage

Dieses Buch erfuhr seit seiner Erstveröffentlichung im Jahr 2011 bereits mehrere Überarbeitungen und Erweiterungen. Seit der fünften Auflage ist das Buch auch als Hardcover erhältlich. In der vorliegenden sechsten Auflage wurde außerdem ein alphabetisches Personenverzeichnis eingefügt.

Das Thema des Buches hat an Aktualität nichts eingebüßt. Im Gegenteil: Nach wie vor wird die Welt von zahlreichen Gewalttaten und kriegerischen Auseinandersetzungen erschüttert. Missbrauchsskandale, Bürgerkrieg in Syrien, Selbstmordattentate, Gräueltaten von IS und Boko Haram (übersetzt: „Bücher sind bzw. Bildung ist Sünde"!) – täglich wird uns drastisch vor Augen geführt, was Menschen einander antun können, und das viel zu oft aus religiösen Gründen. Schnell wird gebetsmühlenartig betont, dies alles habe mit Religion nichts zu tun. Doch das genaue Gegenteil ist der Fall! Ein genauer Blick in die „Heiligen Schriften" und die Geschichte der monotheistischen Religionen belegt dies. Toleranz, Demokratie oder Freiheitsrechte sucht man hier vergebens. Hingegen findet man jede Menge Rechtfertigungen, ja unmissverständliche Aufforderungen dazu, Ungläubige zu verfolgen und den eigenen Glauben mit Gewalt zu verbreiten.

Religionskritik ist daher wichtiger denn je. Nur eine säkulare Ethik und die klare Trennung von Staat und Religion garantieren, dass diejenigen, die ihre Religion wirklich ernst nehmen, all die mühsam erkämpften Errungenschaften der Aufklärung nicht wieder pulverisieren.

Klaus Huber, im Oktober 2015

Einleitung

Es sind noch keine zehn Menschengenerationen vergangen, seit die letzten Hexen und Ketzer auf den Scheiterhaufen der Inquisition zu Asche verwandelt wurden.

Das ohnehin schon harte Leben der Menschen war durchdrungen von strengen religiösen Vorschriften und dumpfen Ritualen. Die Menschen lebten in realer Angst vor den kirchlichen Folterknechten und der ewigen Strafe im Höllenfeuer für bereits geringe Vergehen. Die Kirche war damals weit mächtiger als heute und machte sich zahlloser Verbrechen gegen die Menschlichkeit schuldig. Sie verlor jedoch unter dem Druck der sich durchsetzenden Aufklärung an Macht. Menschenrechte wurden gegen den erbitterten Widerstand der Kirche erkämpft.

Heute darf Religionskritik – zumindest bei uns – öffentlich geäußert werden. Solange keine Rechte anderer verletzt werden, ist dies durch die Meinungsfreiheit gedeckt. Immer mehr Menschen machen von ihrem Recht Gebrauch, keiner Religionsgemeinschaft anzugehören und treten aus der Kirche aus. Mittlerweile stellen die Konfessionslosen in Deutschland mit 35 % die größte Bevölkerungsgruppe, während die beiden christlichen Kirchen jeweils unter 30 % gefallen sind!

Dennoch ist Religion, allen voran die christliche, allgegenwärtig. Ihr Einfluss durchdringt zum Beispiel das Erziehungs- und Bildungswesen sowie weite Teile der Medienlandschaft. Der „christlichen Botschaft" kann man sich hierzulande kaum entziehen. Konfessionelle Kindergärten (die – wie in der Öffentlichkeit kaum bekannt – zu über 90 % vom Staat finanziert werden!), staatlich organisierter und finanzierter konfessioneller Religionsunterricht (statt gemeinsamer Ethikunterricht für alle!)

und die einseitige Bevorzugung religiöser Weltanschauungen bei Rundfunk- und Fernsehsendern zeugen davon, dass wir von der verfassungsmäßig gebotenen Trennung von Kirche und Staat noch weit entfernt sind.

Religion muss Privatsache sein! Doch die Realität sieht leider anders aus: Genitalverstümmelung, Einschränkung der Meinungsfreiheit und die Unterdrückung der Frau sind nur drei Beispiele, wie sich Religion eben nicht auf den privaten Bereich beschränkt, sondern in unser aller Leben einmischt.

Es ist daher an der Zeit, der gesellschaftlichen Entwicklung Rechnung zu tragen. Es ist an der Zeit, der Stimme der Bevölkerungsmehrheit mehr Gewicht zu verleihen und den Einfluss der Religionsgemeinschaften zu begrenzen. Es ist an der Zeit, sich genau anzuschauen, welcher Gott in der Bibel tatsächlich beschrieben und welche Moral dort angepriesen wird. Es ist an der Zeit, laut auszusprechen, wie fortschritts- und menschenfeindlich sich die Religionen seit Jahrtausenden gebärden. Es ist an der Zeit, mit dem Vorurteil aufzuräumen, Atheisten seien die schlechteren Menschen und taumelten halt- und sinnlos durchs Leben. Und es ist an der Zeit, offen und nachhaltig für eine religionsfreie, an Naturalismus und Humanismus orientierte Weltanschauung zu werben.

In den letzten Jahren haben couragierte Autoren deutlich Stellung zu diesen Punkten bezogen und eine Reihe wichtiger Bücher veröffentlicht. Mit treffsicheren Zitaten legten sie ihre Finger in die offenen Wunden der Religion.

Doch noch immer herrscht auf dem Büchermarkt ein krasses Missverhältnis. Der Anteil an religionskritischer Literatur ist nach wie vor verschwindend gering gegenüber der unüberschaubaren Fülle von Veröffentlichungen religiöser Autoren.

Dies liegt unter anderem an dem großen Wettbewerbsvorteil, den letztere auf ihrer Seite haben. Seit Jahrhunderten werden beispielsweise hauptamtliche Theologen dafür ausgebildet und bezahlt, ihre Religion im guten Lichte darzustellen. Religionskritische Autoren schreiben ihre Bücher dagegen meist in ihrer Freizeit und mussten dabei in der Vergangenheit (und teilweise noch heute) oft mit Nachteilen, z. B. im Beruf, rechnen. Insofern ist es erfreulich und den Grundsätzen unserer pluralistischen Gesellschaft zuträglich, dass in den letzten Jahren das Angebot an religionskritischen, an einer humanistischen Weltsicht orientierten Büchern zugenommen hat.

Im vorliegenden Sammelband kommen zum Thema Religionskritik zahlreiche Frauen und Männer zu Wort, Menschen aus längst vergangenen Zeiten (wie der römische Dichter Juvenal, dessen fast zweitausend Jahre alter Ausspruch diesem Buch seinen Titel gab) ebenso wie aus der Gegenwart, Atheisten und Agnostiker, Wissenschaftler und Schriftsteller, aber auch Päpste, Kardinäle und andere Zeitgenossen aus den verschiedensten Ländern und Gesellschaftsschichten. Sie alle haben sich zum Glauben, zur Bibel, zum Atheismus und zum Lebenssinn geäußert.

Das Besondere an diesem Buch ist zum einen die Fülle der Zitate, die es beinhaltet (über 700). Zweitens gibt es nicht nur viele allgemein bekannte Aussprüche, sondern auch Kernaussagen aus der aktuellen religionskritischen Literatur wieder. So sind hier unter anderem zentrale Gedanken aus Richard Dawkins' *„Der Gotteswahn"*, Michael Schmidt-Salomons *„Manifest des evolutionären Humanismus"*, Sam Harris' *„Brief an ein christliches Land"* oder Michael Onfrays *„Wir brauchen keinen Gott"* gesammelt und thematisch in Kapitel geordnet.

Innerhalb eines Kapitels sind die Zitate schlicht alphabetisch sortiert. Die Anzahl und Titel der Kapitel wurden freilich nach subjektiven Gesichtspunkten gewählt. Weiterhin lässt sich über die Zuordnung der Zitate zu den Kapiteln durchaus streiten, und viele Aussagen würden genauso gut in mehrere Kategorien passen.

Ebenso wenig objektiv ist die Auswahl der verwendeten religionskritischen Bücher aus den letzten Jahren, die ich nicht nur danach ausgesucht habe, ob sie in der öffentlichen Debatte eine bedeutsame Rolle spielen, sondern auch danach, ob sie mich ganz persönlich in der Entwicklung meines naturalistisch-humanistischen Weltbildes vorangebracht haben.

Das vorliegende Buch ist weniger darauf ausgelegt, von vorne bis hinten an einem Stück durchgelesen zu werden, sondern lädt vielmehr ein zum beliebigen Springen zwischen den Kapiteln und zum Schmökern an zufällig aufgeschlagener Seite. Von längeren, sich über mehrere Sätze erstreckenden Zitaten sollte sich der Leser dabei nicht abschrecken lassen, bringen sie doch oft Licht in komplexe Zusammenhänge.

Am Ende findet sich eine Liste der Bücher, aus denen ein großer Teil der Zitate stammt und die dem interessierten Leser sehr ans Herz gelegt sind. Der Sinn dieses Buches wäre erfüllt, wenn seine Lektüre bei dem einen oder anderen Leser Neugier auf die zugrundeliegenden Werke weckt.

Die Quellenangaben dienen in erster Linie der Information und nicht dem Ziel, dem Gesagten besonderen Nachdruck zu verleihen. Ganz im Sinne des Philosophen Malte Ecker, der empfiehlt: *„Stützen Sie sich in Begründungen nicht auf die Ansichten von Prominenten. Prominente sind ganz gewöhnliche Menschen, die nicht mehr und nicht weniger von einer Sache verstehen als andere.*

Ihre Prominenz ist kein guter Grund dafür, ihnen eher zu glauben als anderen Menschen."

Außerdem stellt er fest: „Natürlich spricht nichts dagegen, darauf hinzuweisen, dass man mit seiner Auffassung nicht alleine dasteht. Dies ist zweifellos ein schöner Schmuck für die eigene Auffassung. Aber das alleine ist noch keine Begründung. Abraham Lincoln, Mahatma Gandhi oder Mutter Teresa hatten eine besondere gesellschaftliche Stellung inne, über besonderes Wissen oder Insiderkenntnisse verfügten sie nicht."

Wenngleich also das Wissen darüber, aus wessen Munde ein Ausspruch stammt, sehr erhellend sein kann, so sollen die hier abgedruckten Zitate inhaltlich doch für sich selbst stehen.

Gläubige mögen die Art und Weise, wie in diesem Buch über ihre Religion diskutiert wird, vielleicht als beleidigend empfinden. Schon vom Buchtitel könnte man sich provoziert fühlen. Doch eine gewisse Polarisierung bzw. Zuspitzung ist zuweilen ganz nützlich und hilft dabei, dass man in einer Sache seinen eigenen, klaren Standpunkt findet. Außerdem spricht nichts dafür, für begründete Kritik an Religion andere Maßstäbe anzulegen als anderswo.

Dieses Buch wird in erster Linie den ungläubigen bzw. zweifelnden Leser ansprechen, für den es zahlreiche Anregungen bietet. Doch auch der Gläubige ist eingeladen, seine Positionen anhand der vorgelegten Zitate zu überprüfen und anschließend entweder umso überzeugter zu vertreten oder aber in manchen Punkten neu zu überdenken.

1. Glaube und Religion

Religiöse Denkmuster sind wohl so alt wie die Menschheit selbst. Schon immer haben unsere Vorfahren versucht, die Welt zu begreifen und zu deuten. Aufgrund ihres begrenzten Wissens konnten die frühen Menschen Phänomene wie Kometen oder Blitze jedoch nicht verstehen. Unerklärliches wurde zu Göttlichem erklärt.

Längst ist die Menschheit aus dem dunklen Zeitalter der Unwissenheit herausgetreten. Dennoch fallen wir auch noch heute, da unser Wissen über die Welt weit fortgeschritten ist, immer noch oft in die steinzeitlichen Verhaltensmuster zurück. Die Tendenz, bestimmte Phänomene vorschnell als übersinnliche Erscheinung oder göttliches Zeichen zu deuten, ist weit verbreitet. Dabei gibt es keinen prinzipiellen Unterschied zwischen Aberglauben und dem Glauben an eine der großen Weltreligionen. Beide behaupten Dinge, die wissenschaftlichen Prüfungen nicht standhalten.

Bemerkenswert ist, dass weite Teile der Bevölkerung an übersinnliche Phänomene glauben, obwohl bisher kein glaubhafter Beweis für deren Existenz vorgelegt wurde – kein einziger! Wer an dieser Stelle etwas anderes behauptet, ist entweder schlecht informiert, Opfer einer (Sinnes-) Täuschung oder ein Lügner. Kein Wünschelrutengänger, Wasserenergetisierer, Wahrsager oder Telepath hat jemals das Eine-Millionen-Dollar-Preisgeld der James-Randi-Stiftung abgeholt, die diesen Betrag für den Nachweis einer beliebigen übersinnlichen Fähigkeit ausgesetzt hat. Kein ernstzunehmendes Experiment hat jemals die Existenz paranormaler Kräfte oder Phänomene bestätigt.

Was bedeutet das? Das bedeutet, es ist mit sehr hoher Wahrscheinlichkeit davon auszugehen, dass keinerlei derartigen Phänomene existieren. Vernünftigerweise sollte man solange an ihnen zweifeln, bis seriöse Beweise vorgelegt werden.

Dennoch scheint der Glaube an das Übersinnliche ungebrochen. Möglicherweise „will" man einfach glauben, dass die Welt mehr zu bieten hat als sich unsere Schulweisheit erträumt, gleichgültig, ob es ernstzunehmende Hinweise darauf gibt.

Gesunde Skepsis ist aber nicht nur gegenüber Hellsehern und Feng Shui Beratern angebracht. Sämtliche Religionen wollen uns weismachen, dass Götter und unsichtbare Kräfte unser Leben beeinflussen. Die Frage muss erlaubt sein und beantwortet werden: Stimmt das überhaupt? Möglicherweise brachte der Glaube an höhere Mächte unseren frühen Vorfahren einen evolutionären Vorteil im Kampf ums Überleben. Vielleicht ist Religion auch lediglich ein zufälliges Nebenprodukt der Evolution. Wie auch immer: Heute bedürfen wir dieser Märchen nicht mehr. Es ist fantastisch genug, was die Realität, die wirkliche Welt, zu bieten hat. Sie gilt es zu erforschen. Bei diesem abenteuerlichen, aufregenden Unternehmen ist uns die Religion nur ein Hemmschuh am Fuß.

Glaube und Religion bauen Luftschlösser und verlangen von uns, „nicht zu sehen und doch zu glauben". Das ist wenig überzeugend, ließe sich doch so der Glaube an jeden erdenklichen Unsinn rechtfertigen und einfordern. Angesichts der Ungeheuerlichkeit und Reichweite ihrer Behauptungen sollten wir die Religionen nicht vorschnell aus der Verantwortung entlassen, Belege für die Richtigkeit ihrer Annahmen vorzulegen. Es ist nicht schwer, vorherzusagen, dass die Menschheit auf derartige Beweise vergeblich warten wird.

44 % der amerikanischen Bevölkerung sind überzeugt, dass Jesus irgendwann in den nächsten 50 Jahren wiederkehren wird, um über die Lebenden und die Toten zu richten.
Sam Harris, amerik. Schriftsteller (1967 -)

Alle Religionen geben sich große Mühe, Zweifler zum Schweigen zu bringen oder hinzurichten, ein wiederkehrendes Phänomen, das ich geneigt bin, eher als Zeichen der Schwäche zu werten denn als ein Zeichen der Stärke.
Christopher Hitchens, amerik. Autor (1949 - 2011)

Alle Religionen sind gleich: Religion, das sind vor allem Schuldgefühle mit unterschiedlichen Feiertagen.
Cathy Ladman, amerikanische Komikerin (1962 -)

Alles sind menschliche Konstrukte: Die Stimme Gottes, eigene Gedanken, Ein-Bildungen, mystische Fantasien, Wirklichkeitsverzerrungen, Wahnvorstellungen...
Reinhold Miller, dt. Pädagoge u. Autor (1943 -)

Als der Mensch noch keine Wissenschaft kannte, glaubte er, dass nicht Gravitation oder Magnetismus die Welt zusammenhalten, sondern Zauberkräfte.
Dieter Nuhr, dt. Kabarettist (1960 -)

Angesichts der Tatsache, dass das einzige Motiv [der Kreationisten, zur Widerlegung der Evolutionslehre an den physikalischen Gesetzen herumzuspielen] ist, den Schöpfungsmythos einer bestimmten Gruppe bronzezeitlicher Stammesangehöriger aufrechtzuerhalten, ist es, gelinde gesagt, überraschend, dass sich davon überhaupt irgendjemand hinters Licht führen lässt.

Richard Dawkins, brit. Evolutionsbiologe (1941 -)

Angewöhnung geistiger Grundsätze ohne Gründe nennt man Glauben.

Friedrich Nietzsche, dt. Philosoph (1844 - 1900)

Auf dem Dorfe ist gut predigen.

Sprichwort

Auffallend ist, dass die zweifelhaftesten Theorien oft um so heftiger vertreten werden, je stärker der Boden schwankt, auf dem sie gedeihen.

Peter Henkel, dt. Philosoph u. Journalist (1942 -)

Außergewöhnliche Behauptungen erfordern außergewöhnliche Beweise.

Carl Sagan, amerik. Astronom (1934 - 1996)

Da der Mensch von Natur aus egozentrisch ist, hat jede Form von Aberglauben gewissermaßen einen Heimvorteil. In den USA stecken wir unsere ganze Kraft in den Bau immer höherer Gebäude und schnellerer Verkehrsflugzeuge [...] doch dann schaffen wir es nicht, die Stockwerks- oder Sitzreihennummer 13 zu vergeben.

Christopher Hitchens, amerik. Autor (1949 - 2011)

Da sich der Mensch eine solch geistlose, chemiegesteuerte Existenz vor Erfindung der Psychologie und der Neurowissenschaften nicht vorstellen konnte, griff er zu mystischen Verschleierungen und erklärte den primitiven Paarungsdrang so falsch wie pathetisch als großes „Gefühl": Liebe. Wir haben das aus Bequemlichkeit beibehalten, weil auch wir uns mit einem Zusammensein auf rein organischer Basis nicht abfinden können.

Dieter Nuhr, dt. Kabarettist (1960 -), über die Liebe

Dann [stellt sich] die Frage [...], warum sich ein Gehirn dahin entwickeln sollte, in Überzeugungen Trost zu finden, die es eindeutig als falsch erkennen kann. Ein frierender Mensch findet keinen Trost in dem Glauben, dass ihm warm sei; ein Mensch, der sich einem Löwen gegenübersieht, lässt sich nicht von dem Glauben beruhigen, dass es sich um ein Kaninchen handele.

Steven Pinker, kanad. Psychologe (1954 -)

Darum bitten, dass die Gesetze des Universums wegen eines einzigen, eingestandenermaßen unwürdigen Bittstellers außer Kraft gesetzt werden.

Ambrose Bierce, amerik. Schriftsteller (1842 - 1914), zur Definition von „Beten"

Das alte Wissen der Naturheiler beruhte dabei darauf, dass man über Vorgänge im Körper nichts wusste, dass es also auch an der Leber liegen könnte, wenn der Knorpel juckt.

Dieter Nuhr, dt. Kabarettist (1960 -)

Das Bekenntnis, man gehöre einer bestimmten Religion an, ist nicht mehr und nicht weniger seltsam, als würde man sich entschließen zu glauben, dass die Erde die Form eines Rhombus hat und in den Scheren zweier riesiger grüner Hummer namens Esmeralda und Keith durch den Kosmos getragen wird.

Andrew Mueller, austral. Journalist (1968 -)

Das Dogma ist nichts anderes als ein ausdrückliches Verbot zu denken.

Ludwig Feuerbach, dt. Philosoph (1804 - 1872)

Das Erlassen von Gesetzen, die die Ausübung der Religionsfreiheit bzw. das Ausleben kultureller Traditionen dort rigoros begrenzen, wo sie mit rechtsstaatlichen Prinzipien kollidieren (Beispiel: Zwangsheirat), ist [...] zwar ein notwendiger, aber noch kein hinreichender Schritt.

Michael Schmidt-Salomon, dt. Philosoph (1967 -)

Das Erstaunlichste ist, daß sich der schaffende Mensch über viele Jahrhunderte hinweg sein Selbstbewußtsein, sein Selbstvertrauen in die eigene Kraft und Fähigkeit und sein kritisches Denken so nachhaltig zerstören ließ, nur um ein guter Christ zu sein, dies auch noch heute kritik- und willenlos über sich ergehen läßt, ja sogar noch seine Peiniger verehrt und in Demut vor ihnen niederfällt.

Erich Bromme, dt. Historiker (1906 - 1986)

Das große unsagbare Übel im Mittelpunkt unserer Kultur ist der Monotheismus. Aus einem barbarischen bronzezeitlichen

Text, der unter dem Namen Altes Testament bekannt ist, haben sich drei menschenfeindliche Religionen entwickelt: das Judentum, das Christentum und der Islam. Es sind Himmelsgott-Religionen. Sie sind im wahrsten Sinne des Wortes patriarchalisch - Gott ist der allmächtige Vater -, und deshalb werden Frauen in den Ländern, die von dem Himmelsgott und seinen irdischen männlichen Vertretern heimgesucht waren, 2000 Jahre lang verachtet.

Gore Vidal, amerik. Schriftsteller (1925 - 2012)

Das menschliche „Gemütsbedürfnis" hält den Unsterblichkeitsglauben besonders aus zwei Gründen fest, erstens in der Hoffnung auf ein besseres zukünftiges Leben im Jenseits und zweitens in der Hoffnung auf Wiedersehen der teuern Lieben und Freunde, welche uns der Tod hier entrissen hat.

Ernst Haeckel, dt. Naturforscher u. Philosoph (1834 - 1919)

Das Schöne am Glauben an das im Geheimen waltende Böse ist, dass man einer exklusiven Gemeinschaft angehört, die die Wahrheit gepachtet hat. Wunderbar ist auch, dass der Angehörige einer verschwörungsgläubigen Gemeinschaft glauben darf, mehr zu wissen, als alle Wissenschaftler dieser Erde, obwohl ihm ganze Sätze mit mehr als fünf Worten oder Rechnungen mit mehreren Ziffern oft große Schwierigkeiten bereiten. Mit anderen Worten: Die Glaubensbereitschaft steigt proportional zum Trottelfaktor. Je größer der Deppenfaktor, desto gigantischer das Bescheidwissergefühl.

Dieter Nuhr, dt. Kabarettist (1960 -)

Das weltweite Volk der Gläubigen ist ein Volk von abhängigen, aber auch therapieresistenten Junkies [„Opium fürs Volk"], unbeweglich, unselbstständig und unglücklich. Glückliche Menschen brauchen keinen Gott.

Helge Nyncke, dt. Illustrator u. Autor (1956 -)

Das Wunder ist des Glaubens liebstes Kind.

Johann Wolfgang v. Goethe, dt. Dichter (1749 - 1832)

Das Ziel der Philosophie ist einzig und allein die Wahrheit, das Ziel des Glaubens einzig und allein Gehorsam und Frömmigkeit.

Baruch Spinoza, niederl. Philosoph (1632 - 1677)

Dass Glaube etwas anderes als Aberglaube sei, ist unter allem Aberglauben der größte.

Karlheinz Deschner, dt. Schriftsteller (1924 - 2014)

Dass Menschen bereit sind, für ihre religiösen Überzeugungen zu sterben, ist die eine Sache, eine andere ist, wenn ein religiöser Mensch andere für seine Überzeugungen umbringt.

Dieter Nuhr, dt. Kabarettist (1960 -)

Dass Religion die Fähigkeit hat, zu trösten, macht sie nicht wahrer.

Richard Dawkins, brit. Evolutionsbiologe (1941 -)

Dass sich bestimmte Personen oder Personengruppen durch das Aufstellen „heiliger" (d.h. unantastbarer) Spielregeln jeglichem kritischen Zugriff entziehen und dadurch eigene Denkfehler als verbindlich in die Zukunft fortschreiben, kann und darf in einer modernen Gesellschaft keine akzeptable Praxis mehr sein!

Hans Albert, dt. Philosoph (1921 -)

[Den Kirchen ist es gelungen] bei der ganz großen Mehrzahl heutiger Menschen durch ihre umfassende, alles durchdringende, zu einem großen Teil mit Steuermitteln finanzierte Strategie [...] der Desinformation einen Zustand weitgehender Uninformiertheit, ja man kann es so hart formulieren, der weitgehenden Infantilisierung des religiösen Wissensstandes [...] zu erzeugen.

Franz Buggle, dt. Psychologe (1933 - 2011)

Der Glaube an böse Geister und ihre unheilvolle Macht ist einer der Grundbestandteile aller primitiven Religionen.

Rudolf Knopf, evang. Theologe (1874 - 1920)

Der Glaube an die „eine große" Liebe ist Teil eines zoologisch bedingten Selbstbetruges, in dem das Bewusstsein des Menschen durch Ausschüttung von Hormonen und anderen Körpersäften außer Kraft gesetzt und durch tierische Triebe ersetzt wird. Nicht die Liebe hat Romeo und Julia aneinandergekettet, sondern Pheromone, Dopamin, Serotonin und möglicherweise auch Alkohol.

Dieter Nuhr, dt. Kabarettist (1960 -)

Der Glaube gibt dir keine Antworten, er sorgt nur dafür, dass du keine Fragen mehr stellst.

unbekannt

Der Islam, diese abstruse Gotteslehre eines unmoralischen Beduinen, ist ein verwesender Kadaver, der unser Leben vergiftet.
Mustafa Kemal Atatürk, Begründer der Republik Türkei (1881 - 1938)

Der Mensch hat zwei Beine und zwei Überzeugungen: eine, wenn's ihm gut geht und eine, wenn's ihm schlecht geht. Die letzte heißt Religion.
Kurt Tucholsky, dt. Schriftsteller (1890 - 1935)

Der Mensch schuf in seinen Gedanken, mit seinen Gefühlen, in seiner Fantasie und durch seine Worte den Himmel, um einen Ort für Gott zu haben, und die Hölle, um die Herkunft des Bösen zu erklären. Er schuf das Paradies, weil es ein glückliches Leben garantiert, und weil er seine Endlichkeit, die er nicht akzeptierte, verlängert haben wollte durch ein Leben nach dem Tod.
Reinhold Miller, dt. Pädagoge u. Autor (1943 -)

Der religiöse Glaube bewirkt, dass Menschen stolz sind auf Dinge, für die sie sich schämen müssten, und dass sie sich schämen für Dinge, auf die sie stolz sein sollten.
Pat Condell, brit. Schriftsteller (1949 -)

Der Sinn der Trennung von Staat und Kirche besteht darin, die Religionskriege fernzuhalten, die den Boden Europas mit Blut getränkt haben.
James Madison, vierter Präsident der USA (1751 - 1836)

Der Tag wird kommen, an dem die Menschen in Geschichtsbüchern und Museen mit amüsiertem Interesse zur Kenntnis nehmen werden, was einmal als unerschütterliche Wahrheit verkündet wurde, und sie werden feststellen, dass das selbst auf Ideen zutrifft, die einst über zwei Jahrtausende Geltung beanspruchten.

Uwe Lehnert, dt. Bildungsinformatiker (1935 -)

Der Ursprung, ja das eigentliche Wesen der Religion ist der Wunsch. Hätte der Mensch keine Wünsche, so hätte er auch keine Götter. Was der Mensch sein möchte, aber nicht ist, dazu macht er seinen Gott.

Ludwig Feuerbach, dt. Philosoph (1804 - 1872)

Der Volksmund sagt: Religion ist Opium für das Volk. Das ist irreführend. Opium ist eine bewusstseinserweiternde Droge.

Volker Pispers, dt. Kabarettist (1958 -)

Der wahre Gläubige findet erst Ruhe, wenn die ganze Welt das Knie gebeugt hat.

Christopher Hitchens, amerik. Autor (1949 - 2011)

Die Begründungslast liegt bei demjenigen, der die strittige These behauptet, nicht bei demjenigen, der sie bezweifelt.

Malte Ecker, dt. Philosoph (1939 -)

Die drei großen monotheistischen Religionen verlangen Unterwürfigkeit von den Menschen: Sie sollen sich als elende und schuldige Sünder einem verärgerten und eifersüchtigen Gott zu Füßen werfen [...] Andererseits lehrt die Religion die Menschen, wie zur Entschädigung, eine hochgradig egozentrische und eingebildete Haltung einzunehmen. Gott kümmere sich um jeden Einzelnen, so wird ihnen vermittelt, und das Universum sei speziell für sie geschaffen worden.

Christopher Hitchens, amerik. Autor (1949 - 2011)

Die einzige Waffe, die man gegen unverständliche Aussagen einsetzen kann, ist der Spott. Vorstellungen müssen klar umrissen sein, erst dann kann die Vernunft sich mit ihnen beschäftigen; und von der Dreieinigkeit hatte kein Mensch jemals eine klar umrissene Vorstellung. Es ist nur das Abrakadabra jener Scharlatane, die sich als Priester Jesu bezeichnen.

Thomas Jefferson, dritter Präsident der USA (1743 - 1826)

Die Erfindung von irgendwelchen himmlischen Paradiesen wäre halb so schlimm, bezahlte man dafür nicht einen hohen Preis: das Vergessen der Wirklichkeit, und damit die schuldhafte Vernachlässigung der einzigen realen Welt.

Michael Onfray, franz. Philosoph (1959 -)

[Die Gläubigen] bestehen darauf, über ein allumfassendes Wissen zu verfügen. Sie wollen nicht nur wissen, dass Gott existiert und dass er den ganzen Laden schuf und beaufsichtigte, sondern auch, was „er" von uns verlangt – von der Ernährung über religiöse Riten bis hin zur Sexualmoral.

Christopher Hitchens, amerik. Autor (1949 - 2011)

[Die Konfessionslosen sind] hierzulande inzwischen bereits die größte Bevölkerungsgruppe noch vor den Katholiken und vor den Protestanten, und die Zahl der Gemeindestill- bzw. zusammenlegungen wächst beständig mit der ebenfalls weiter steigenden Zahl der Kirchenaustritte. Zeit also, dieser überkommenen Geisteshaltung [...], der hoffnungsvoll ja schon einige, inzwischen längst verstorbene Philosophen der Aufklärung ihr baldiges Aussterben prognostiziert hatten, ebenso, wie schon zuvor [...] dem mittelalterlichen Hexenwahn, dem götterbevölkerten Olymp, dem magischen Geisterglauben, dem rituellen Kannibalismus und den steinzeitlichen Fruchtbarkeitskulten endgültig die rote Karte zu zeigen und sie allesamt aus dem öffentlichen Leben zu verbannen.

Helge Nyncke, dt. Illustrator u. Autor (1956 -)

Die Leute sagen, wir brauchen eine Religion, in Wirklichkeit meinen sie, dass wir die Polizei brauchen.

H. L. Mencken, amerik. Satiriker (1880 - 1953)

[Die Mehrheit hierzulande stellt sich] einen ganz privaten Strauß an Glaubenssätzen zusammen, pickt sich sozusagen die auch für moderne Menschen gerade noch vertretbar erscheinenden Rosinen aus dem schweren Hefeteig des vor ihnen aufgetischten Religionszopfes heraus und glaubt, so auf der sicheren Seite, nicht im Verdacht altmodischer Frömmigkeit sondern eben vollkommen auf der Höhe der Zeit und nur ein bisschen gläubig zu sein. Ich behaupte, das ist ein fataler Irrtum. Es geht ebenso wenig, ein bisschen gläubig zu sein, wie ein bisschen schwanger. Oder ein bisschen süchtig. Oder ein bisschen tot.

Helge Nyncke, dt. Illustrator u. Autor (1956 -)

Die Mehrzahl aller zur Zeit in der Welt tobenden Kriege sind religiös motivierte Kriege, aller zur Zeit global agierender Terrorismus ist Religionsterror.

Helge Nyncke, dt. Illustrator u. Autor (1956 -)

Die Menschen lassen sich ihre eigenen Glaubenskonstrukte nicht wegrationalisieren.

Reinhold Miller, dt. Pädagoge u. Autor (1943 -)

Die Religion hat die Menschen überzeugt, dass im Himmel ein unsichtbarer Mann wohnt, der alles sieht, was man tut – jeden Tag, jede Minute. Dieser unsichtbare Mann hat eine Liste von zehn Dingen, die man nicht tun soll. Wenn man aber doch eines dieser zehn Dinge tut, dann hat er einen besonderen Ort mit Feuer und Rauch, Flammen und Folter und Angst. Dorthin schickt er einen, damit man für immer dort lebt und leidet und brennt und erstickt und schreit und weint, bis ans Ende der Zeiten... Aber er liebt dich!

George Carlin, amerik. Komiker (1937 - 2008)

Die Religion ist der Seufzer der bedrängten Kreatur, das Gemüt einer herzlosen Welt, wie sie der Geist geistloser Zustände ist. Sie ist das Opium des Volkes.

Karl Marx, dt. Philosoph u. Gesellschaftstheoretiker (1818 - 1883)

Die Religion ist nichts als der Schatten, den das Universum auf die menschliche Intelligenz wirft.

Victor Hugo, franz. Schriftsteller (1802 - 1885)

Die Religion ist nur Einbildung, ein abergläubischer Schutzmantel, denn es ist von all dem nichts wahr.
Ninon de Lenclos, franz. Schriftstellerin (1620 - 1705)

[Die Religion] redet über die Glückseligkeit im Jenseits, will
aber die Macht im Diesseits. Das ist nicht anders zu erwarten –
immerhin wurde sie von Menschen geschaffen.
Christopher Hitchens, amerik. Autor (1949 - 2011)

Die Religion stützt sich vor allem und hauptsächlich auf die
Angst.
Bertrand Russell, engl. Philosoph u. Mathematiker (1872 - 1970)

Die Religion, zu der sich die Menschen bekennen, ist letztlich
nur eine Frage der Geographie.
Edward Gibbon, brit. Historiker (1737 - 1794)

Die Religionen sind wie Leuchtwürmer: sie bedürfen der Dunkelheit, um zu leuchten.
Arthur Schopenhauer, dt. Philosoph (1788- 1860)

Die Tatsache, dass [die Gläubigen] die beruhigenden, kindhaf-
ten Vorstellungen den grausamen Gewissheiten der Erwachse-
nenwelt vorziehen, bringt mich zur Verzweiflung. Der besänfti-
gende Glaube enthält also gegenüber der beunruhigenden Vernunft den Vorzug, auch wenn der Preis dafür ein ewiger menta-
ler Infantilismus ist.
Michael Onfray, franz. Philosoph (1959 -)

Die Tatsache, dass ein gläubiger Mensch glücklicher ist als ein Skeptiker, trägt zur Sache nicht mehr bei als die Tatsache, dass ein betrunkener Mensch glücklicher ist als ein nüchterner.

George Bernhard Shaw, irischer Schriftsteller (1856 – 1950)

Die Tendenz zu gewaltsamer Liquidation Andersdenkender und Andersgläubiger, zum Kreuzzugdenken, stellt beim heutigen Niveau der Waffentechnik neben der Umweltzerstörung einen der Hauptgefährdungsfaktoren für das Überleben der menschlichen Art dar.

Franz Buggle, dt. Psychologe (1933 - 2011)

Die unkritische Vermittlung von Behauptungen, die erwiesenermaßen falsch sind, ist „Verbildung", ist Manipulation – auch wenn bestimmte Gruppen sich durch die fehlende Berücksichtigung ihrer weltanschaulichen Irrtümer benachteiligt fühlen mögen.

Michael Schmidt-Salomon, dt. Philosoph (1967 -)

Die Vermessenheit tief religiöser Menschen ist die gefährlichste Sache in der heutigen Welt.

Daniel Dennett, amerik. Philosoph (1942 -)

Die vielfältige Verzahnung staatlicher und kirchlicher Organisationsstrukturen zum Beispiel bei der Kirchensteuer oder den theologischen Fakultäten an staatlichen Hochschulen lässt erhebliche Zweifel an der grundgesetzlich festgeschriebenen Neutralität des Staates gegenüber den Religionen ratsam erscheinen.

Helge Nyncke, dt. Illustrator u. Autor (1956 -)

Dies könnte die beste aller möglichen Welten sein, wenn es nur keine Religion in ihr gäbe.

John Adams, zweiter Präsident der USA (1735 - 1826)

Dieses künstliche erzeugte Verstandesvakuum mag für Despoten [...] und auf Verdummung ausgerichtete Strukturen hochwillkommen sein, erleichtert es ihnen doch ungemein ihr eigennütziges Streben nach Unterdrückung, Ausplünderung, Einschüchterung oder gesellschaftlicher Verblödung. Es ist aber für jede Gesellschaft schlicht eine Katastrophe sowie für jeden Einzelnen und jede Einzelne ein psychologisches Drama. Ohne diese institutionalisierten Denkblockaden wäre keine Diktatur, kein Gottesstaat, kein Terror, keine Rassenideologie, keine Ausbeutung von Mensch und Natur, keine zwischenmenschliche Gewalt, keine rigide Sexualmoral [...] auf Dauer möglich. Sie alle und noch viele andere Kollateralschäden unserer christlich und auch der anderen religiös geprägten Gesellschaften verdanken ihre zerstörerische Wirkung maßgeblich eben jenen Denkstrukturen, mit deren Hilfe die Religionen und ihre gesellschaftlichen Trittbrettfahrer die Menschheit seit Jahrtausenden durch Dogmen und Tabus geistig und psychisch vergiften.

Helge Nyncke, dt. Illustrator u. Autor (1956 -)

Durch die Unbedingtheit des Glaubens werden historisch bedingte Irrtümer sowie unzulängliche Moralvorstellungen für die Zukunft festgeschrieben, also künftige Erkenntnis- und Humanitätsfortschritte zugunsten dogmatischer Borniertheit verhindert.

Michael Schmidt-Salomon, dt. Philosoph (1967 -)

Ein Buch aus den frühen 630er Jahren, das eigentlich auf einen des Lesens und Schreibens unkundigen Kamelwächter gemünzt ist, bestimmt in allen Einzelheiten das Alltagsleben von Milliarden von Menschen – in einer Zeit der Überschallgeschwindigkeit, der Eroberung des Weltraums, der weltweiten Computer- und Kommunikationssysteme, der Sequenzierung des menschlichen Genoms und der Atomkraft.
Michael Onfray, franz. Philosoph (1959 -), über den Koran

Ein christlicher Fundamentalist weiß [...], dass Jesu Erlösungstat ohne Voraussetzung von Hölle und Teufel in etwa so sinnlos ist wie ein Elfmeterschießen ohne gegnerische Mannschaft.
Michael Schmidt-Salomon, dt. Philosoph (1967 -)

Ein Großteil heute (eigentlich erstaunlicherweise) noch zu findender Gläubigkeit beruht auf Desinformation.
Franz Buggle, dt. Psychologe (1933 - 2011)

Einen Gott, der die Objekte seines Schaffens belohnt und bestraft, der überhaupt einen Willen hat nach Art desjenigen, den wir an uns selbst erleben, kann ich mir nicht einbilden. Auch ein Individuum, das seinen körperlichen Tod überdauert, mag und kann ich mir nicht denken; mögen schwache Seelen aus Angst oder lächerlichem Egoismus solche Gedanken nähren.
Albert Einstein, Physiker (1879 - 1955)

Entgegen der unendlichen Wandlungs- und Erkenntnismöglichkeiten unseres Bewusstseins, das uns im Laufe der Menschheitsgeschichte vor allem gelehrt hat, dass es im Leben keine unumstößlichen Erkenntnisse und Wahrheiten gibt, besteht jede Religion im Kern vor allem darauf, genau das Gegenteil dieser Einsicht für ihre Glaubensgrundsätze in Anspruch zu nehmen. Wird dieses Dogma über längere Zeit von einer relativen Bevölkerungsmehrheit vertreten [...], etabliert sich in den Köpfen über kurz oder lang eine Art schizophrene Bewusstseinsspaltung, in der die natürliche Balance im Austausch und Abgleich von alten und neuen Erfahrungen nicht mehr funktioniert.

Helge Nyncke, dt. Illustrator u. Autor (1956 -)

Erst wenn wir uns nicht mehr als Christen, Juden, Muslime, Buddhisten, Hindus oder Atheisten gegenübertreten, sondern als freie, gleichberechtigte Mitglieder einer mitunter zur Selbstüberschätzung neigenden affenartigen Spezies, wird sozialer Frieden überhaupt möglich sein.

Michael Schmidt-Salomon, dt. Philosoph (1967 -)

[Es gibt] kein Weltbild, das in seiner Überheblichkeit verwerflicher wäre als das eines frommen Gläubigen: „Der Schöpfer des Universums ist an mir interessiert, heißt mich gut, liebt mich und wird mich nach dem Tode belohnen; mein gegenwärtiger und auf der Heiligen Schrift beruhender Glaube wird bis zum Ende der Welt die einzig gültige Aussage über die Wahrheit bleiben; jeder, der anderer Meinung ist als ich, wird in alle Ewigkeit in der Hölle schmoren...“

Sam Harris, amerik. Schriftsteller (1967 -)

Es gibt keinen größeren Atheisten als mich. Nein, ich nehme das zurück. Ich bin nur noch eine Krebsuntersuchung vom Agnostiker und eine Knochenmarksbiopsie vom Christen entfernt.

Adam Carolla, amerik. Komiker (1964 -)

Es ist an der Zeit, dass wir uns eingestehen, wie schändlich es ist, wenn die Überlebenden einer Katastrophe glauben, selber von einem liebenden Gott verschont worden zu sein, der zur gleichen Zeit Säuglinge in ihren Kinderbettchen ertränkte.
Sam Harris, amerik. Schriftsteller (1967 -)

Es ist die Angst, die uns in den Glauben treibt. Wir sind klein, die Welt ist groß – und oft unerklärlich und feindselig.
Dieter Nuhr, dt. Kabarettist (1960 -)

Es ist doch alles nur Theater. Es ist Menschenmachwerk, nichts Heiliges, nichts Überirdisches, nichts Jenseitiges. Es ist alles hier, ganz nahe, in unseren Köpfen, in unserem Bewusstsein.
Helge Nyncke, dt. Illustrator u. Autor (1956 -)

Es ist erbärmlich anzusehen, wie die Menschen nach Wundern schnappen, um nur in ihrem Unsinn und Albernheiten beharren zu dürfen und sich gegen die Obermacht des Menschenverstandes und der Vernunft wehren zu können.
Johann Wolfgang v. Goethe, dt. Dichter (1749 - 1832)

Es ist gut zu wissen, dass Gott auf unserer Seite steht, aber es verwirrt ein wenig, wenn man herausfindet, dass der Feind gleichermaßen vom Gegenteil überzeugt ist.
Bertrand Russell, engl. Philosoph u. Mathematiker (1872 - 1970)

Es ist lange her, dass sich die menschliche Phantasie die Hölle ausgemalt hat, aber erst durch ihre jüngst erworbenen Fertigkeiten ist sie in die Lage versetzt worden, ihre einstigen Vorstellungen zu verwirklichen.

Bertrand Russell, engl. Philosoph u. Mathematiker (1872 - 1970)

Es ist sicher kein Zufall, dass der Verhaltenskodex der allermeisten Religionen zielgenau eben gerade jene [...] Bedürfnisse nach gelebter Lebensliebeslust mit Tabus belegt, unter deren Mangel so viele Menschen doch gerade leiden. Nur durch die zwanghafte Unterdrückung dieser Freuden ist es möglich, das aus ihrem Mangel entstandene individuelle Schuldgefühl gegenüber dem eigenen, nicht gelebten Leben selbst zu kollektivieren und geschickt in Form einer von ihren Verkündern selbst erfundenen Legende zur Richtschnur eines religionskonformen Verhaltens zu missbrauchen, das vor allem einem dient: dem Machterhalt der religiösen Volksverdummer und der Vermeidung einer wirklichen Heilung der leidenden Verführten und damit einer Befreiung aus ihrer unmündigen Abhängigkeit von den vermeintlichen Heilsbringern.

Helge Nyncke, dt. Illustrator u. Autor (1956 -)

Es ist zwecklos, jemanden mit Gründen etwas ausreden zu wollen, wozu er nie mit Gründen gebracht wurde.

Jonathan Swift, irischer Satiriker (1667 - 1745)

[Es] stellt sich heraus, dass die monotheistischen Religionen plagiierte Plagiate unverbürgter Gerüchte sind, die sich zurückbeziehen auf ein paar wenige frei erfundene Pseudoereignisse.

Christopher Hitchens, amerik. Autor (1949 - 2011)

Ewige Lügen setzen noch keine ewige Wahrheit voraus.
Karlheinz Deschner, dt. Schriftsteller (1924 - 2014)

Fast alle Religionen vom Buddhismus bis zum Islam präsentieren entweder einen bescheidenen Propheten oder einen Prinzen, der sich mit den Armen identifiziert – doch ist das nicht der reine Populismus? Es ist wahrlich nicht weiter verwunderlich, dass sich die Religionen in erster Linie an die Masse der Armen, Verwirrten und Ungebildeten wenden.
Christopher Hitchens, amerik. Autor (1949 - 2011)

Frauen schulden keiner einzigen Religion Dank für auch nur einen Impuls der Freiheit.
Susan B. Anthony, amerik. Frauenrechtlerin (1820 - 1906)

Fundamentalisten überschätzen möglicherweise einfach ihre Kenntnis über Gott.
Dieter Nuhr, dt. Kabarettist (1960 -)

Für die Muslime besteht die Welt nur aus Freunden und Feinden. Auf der einen Seite die islamischen Glaubensbrüder, auf der anderen Seite alle anderen.
Michael Onfray, franz. Philosoph (1959 -)

Geht man allen Religionen auf den Grund, so beruhen sie auf einem mehr oder minder widersinnigen System von Fabeln. Es ist unmöglich, dass ein Mensch von gesundem Verstand, der

diese Dinge kritisch untersucht, nicht ihre Verkehrtheit erkennt.
Friedrich II., preuß. König (1712 - 1786)

Genügt es nicht zu sehen, dass ein Garten schön ist, ohne dass man auch noch glauben müsste, dass Feen darin wohnen?
Douglas Adams, brit. Schriftsteller (1952 - 2001)

Gerade die paradoxesten Glaubenssätze, welche jeder Erfahrung und vernünftiger Überlegung spotten, sind die willkommensten; denn sie scheinen die Gewähr zu bieten, daß hier nicht nur Menschliches und daher Unzuverlässiges dargereicht wird, sondern göttliche Weisheit.
Adolf v. Harnack, dt. Theologe u. Kirchenhistoriker (1851 - 1930)

Give a man a fish and he will eat for a day.
Teach a man to fish and he will eat for a lifetime.
Give a man religion and he will die praying for a fish.
unbekannt

Glaube heißt nicht wissen wollen, was wahr ist.
Friedrich Nietzsche, dt. Philosoph (1844 - 1900)

Glaube ist etwas Erstrebenswertes, jedoch mit einem funktionierenden Gehirn oft nur schwer durchzuhalten.
Dieter Nuhr, dt. Kabarettist (1960 -)

Glauben ist leichter als Denken.
Sprichwort

Glaubst du noch oder denkst du schon?
Michael Schmidt-Salomon, dt. Philosoph (1967 -)

Ich betrachte die Religion als Krankheit, als Quelle unnennbaren Elends für die menschliche Rasse.
Bertrand Russell, engl. Philosoph u. Mathematiker (1872 - 1970)

Ich bin ein Gegner der Religion. Sie lehrt uns, damit zufrieden zu sein, dass wir die Welt nicht verstehen.
Richard Dawkins, brit. Evolutionsbiologe (1941 -)

Ich glaubte an Gott und die Natur und den Sieg des Edlen über das Schlechte; aber das war den frommen Seelen nicht genug; ich sollte auch glauben, daß Drei Eins sei und Eins Drei; das aber widerstrebte dem Wahrheitsgefühl meiner Seele; auch sah ich nicht ein, daß mir damit auch nur im mindesten wäre geholfen gewesen.
Johann Wolfgang v. Goethe, dt. Dichter (1749 - 1832), über die Dreifaltigkeit

Ich halte es für das unveräußerliche Recht eines jeden Menschen, auf seine eigene Weise in die Hölle zu fahren.
Robert Frost, amerik. Dichter (1874 - 1963)

Ich misstraue Menschen, die genau wissen wollen, was Gott von ihnen verlangt, weil ich jedes Mal bemerken muss, dass es sich stets mit ihren eigenen Wünschen deckt.
Susan B. Anthony, amerik. Frauenrechtlerin (1820 - 1906)

[In den Religionen spiegeln sich] das gesamte Spektrum menschlicher Hoffnungen und Sehnsüchte, Liebes- und Leidenserfahrungen, Höhenflüge und Abgründe, gleichzeitig mit dem Wunsch allumfassender Tröstungen.
Reinhold Miller, dt. Pädagoge u. Autor (1943 -)

In dunklen Zeiten wurden die Völker am besten durch die Religion geleitet, wie in stockfinstrer Nacht ein Blinder unser bester Wegweiser ist; er kennt dann die Wege und Stege besser als ein Sehender. Es ist aber töricht, sobald es Tag ist, noch immer die alten Blinden als Wegweiser zu gebrauchen.
Heinrich Heine, dt. Dichter (1797 - 1856)

[In Glaubensgemeinschaften] triumphieren papageienhaftes Nachplappern und die ständige Wiederkehr bereits bekannter Geschichten, und zwar mit Hilfe einer gut geölten Mechanik, die hervorragend repetiert und das Gedächtnis trainieren kann, aber nicht mit Neuerungen aufwartet und keinerlei Anforderungen an die Intelligenz stellt. Herunterleiern, Aufsagen und Wiederholen hat mit Denken wenig zu tun.
Michael Onfray, franz. Philosoph (1959 -)

Irgendwas muss man doch glauben. Wenn das alles weg wäre, würde doch etwas Entscheidendes im Leben fehlen. [...] Woher kommt dieses Gefühl? Für die meisten Mitmenschen, die mehr oder weniger religiös aufgewachsen sind, ist diese Weltsicht ganz einfach ein Teil von ihnen. Es ist der Sog des Vertrauens, der sie mitnimmt und begleitet, durch ihr ganzes Leben. Er ist Stütze, Trost und Zuversicht in einem, er gibt ihnen ein unentbehrliches Grundgefühl von Sicherheit und Geborgenheit. Das hatten allerdings auch die Passagiere der Titanic, und es hat ihnen nichts genützt. [...] Das hatten auch die Angestellten des World-Trade-Centers, die Hexen des Mittelalters, die Opfer der Kreuzzüge, alle diejenigen, die glaubten, ein Gott hielte stets schützend seine gütige Hand über ihr Schicksal. Es hat ihnen nichts genützt.

Helge Nyncke, dt. Illustrator u. Autor (1956 -)

Je mehr man die ungereimten Fabeln prüft, auf die sich verschiedene Religionen gründen, desto mehr bemitleidet man in der Tat die Leute, die leidenschaftlich an diesen Albernheiten hängen.

Friedrich II., preuß. König (1712 - 1786)

Jeder hat zunächst den Gottesglauben, den man ihm aufgeschwatzt hat; aber allmählich hat er den, den er verdient.

Karlheinz Deschner, dt. Schriftsteller (1924 - 2014)

Jeder zweite US-Amerikaner glaubte im Jahre 2005, dass Gott den Menschen geschaffen habe, und zwar entsprechend der Beschreibung des vermeintlichen Vorgangs in der Bibel, also indem er aus einem Erdklumpen Adam machte und aus dessen Rippe Eva.

Peter Henkel, dt. Philosoph u. Journalist (1942 -)

Jene höheren Mächte, die uns zuweilen vor Ehrfurcht erstarren lassen, sind allesamt von uns selbst erfunden und in unsere Schubladen gepackt worden. Es sind unsere Geschöpfe, unser geistiges Eigentum. Religions- und Gesellschaftssysteme sind keine real existierenden Kategorien wie etwa Masse und Schwerkraft.

Helge Nyncke, dt. Illustrator u. Autor (1956 -)

Keine Gesellschaft würde einen solchen Angriff auf ihre Frauen und somit auf ihren eigenen Fortbestand tolerieren, wenn der grauenhafte Brauch nicht heilig wäre.

Christopher Hitchens, amerik. Autor (1949 - 2011), zur Genitalverstümmelung bei Frauen

Keine Religion ist wichtiger als die Wahrheit.

Mahatma Gandhi, ind. Freiheitskämpfer (1869 - 1948)

Keine theologische Ungereimtheit ist so auffallend, dass sie nicht zuzeiten von den verständigsten und gebildetsten Menschen angenommen worden wäre.

David Hume, schott. Philosoph (1711 - 1776)

Leidet ein Mensch an einer Wahnvorstellung, so nennt man es eine Geisteskrankheit. Leiden viele Menschen an einer Wahnvorstellung, dann nennt man es Religion.

Robert E. Pirsig, amerik. Autor (1928 -)

Man fragt sich, wie gewaltig und wie eindeutig grundlos eine Katastrophe erst sein muss, damit der religiöse Glaube in der Welt erschüttert wird. Der Holocaust hat es nicht geschafft, ebenso wenig der Völkermord in Ruanda, bei dem sogar Priester mit mörderischem Elan die Machete schwangen.

Sam Harris, amerik. Schriftsteller (1967 -)

Man kann das Beklopppteste glauben, wenn man nur jeden Zweifel zur Sünde erklärt, ein Prinzip, das in größter Perfektion von unseren Weltreligionen angewendet wird.
Dieter Nuhr, dt. Kabarettist (1960 -)

Man muss es ganz deutlich sagen: Die Religion entstammt der menschlichen Vorgeschichte, in der niemand [...] auch nur den Hauch einer Ahnung davon hatte, was passierte. Sie kommt aus der lärmenden und verängstigten Kindheit unserer Spezies und entspringt dem infantilen Versuch, unseren Drang nach Wissen und kindlicher Bedürfnisse wie das nach Trost und Bestätigung zu stillen. Heute weiß schon [ein kleines Kind] mehr über die natürliche Ordnung als irgendein Religionsgründer.
Christopher Hitchens, amerik. Autor (1949 - 2011)

Manche Menschen würden eher sterben als nachzudenken. Und sie tun es auch.
Bertrand Russell, engl. Philosoph u. Mathematiker (1872 - 1970)

Manche sagen, die Religion mache die Menschen glücklich. Dasselbe ließe sich vom Lachgas sagen.
Clarence Darrow, amerik. Anwalt (1857 - 1938)

Mehr als 40 Prozent der Amerikaner leugnen, dass die Menschen durch Evolution aus anderen Tieren hervorgegangen sind; sie glauben, wir – und demnach auch alle anderen Lebewesen – seien innerhalb der letzten 10 000 Jahre von Gott erschaffen worden.
Richard Dawkins, brit. Evolutionsbiologe (1941 -)

Menschen glauben gerne irgendetwas, was ihre schäbige Existenz erhöht, uns sind dann beleidigt, wenn ihnen die Realität widerspricht.

Dieter Nuhr, dt. Kabarettist (1960 -)

Menschen, die von ihrer persönlichen Verblüffung über ein Naturphänomen den Sprung zur eiligen Beschwörung des Übernatürlichen vollziehen, sind nicht besser als jene Dummköpfe, die einem Zauberkünstler beim Verbiegen eines Löffels zusehen und dann zu der Schlussfolgerung gelangen, dies sei „paranormal".

Richard Dawkins, brit. Evolutionsbiologe (1941 -)

Menschliche Konstrukte werden als von Gott geschaffene Realitäten verkündet.

Reinhold Miller, dt. Pädagoge u. Autor (1943 -)

Mit dem Jenseits lässt sich jede Lüge im Diesseits begründen.

Friedrich Nietzsche, dt. Philosoph (1844 - 1900)

Mit dem Wort Mythologie beschreiben wir nur die Religionen anderer.

Joseph Campbell, amerik. Religionswissenschaftler (1904 - 1987)

Mit der Vorstellung, die erste Ursache, der große Unbekannte, der dafür gesorgt hat, dass es etwas statt nichts gibt, könne das Universum gezielt gestalten und zu Millionen Menschen gleichzeitig sprechen, entzieht man sich völlig der Verantwortung, eine Erklärung zu finden. Es ist die entsetzliche Zurschaustellung einer selbstzufriedenen, das Denken leugnenden Wunderglaubigkeit.

Richard Dawkins, brit. Evolutionsbiologe (1941 -)

Nichtwissen, Unschuld, Naivität, Gehorsam und Unterwerfung stehen [...] bei allen drei monotheistischen Religionen hoch im Kurs.

Michael Onfray, franz. Philosoph (1959 -)

Niemand, der je auf dieser Erde lebte, weiß mehr über das Jenseits als du und ich.

Edgar Allan Poe, amerik. Schriftsteller (1809 - 1849)

Nur die Menschen erfinden Himmelreiche und Götter [...]. Nur sie werfen sich auf den Boden oder knien nieder. Nur sie erfinden Geschichten, an die sie felsenfest glauben, um dem Schicksal nicht ins Auge sehen zu müssen.

Michael Onfray, franz. Philosoph (1959 -)

Offenkundig freunden sich die Menschen mit der Vorstellung eines auf sie wartenden Jenseits umso bereitwilliger an, je mehr Trost sie angesichts fortgeschrittenen Alters zu brauchen meinen.

Peter Henkel, dt. Philosoph u. Journalist (1942 -)

[Placebos wie die Religion] können auf immer so bleiben, wie sie sind, da ihre Wirkung ja sowieso auf reiner Autosuggestion und nicht auf tatsächlich vorhandene Inhaltsstoffen beruht. Sie brauchen sich nicht zu erklären, nicht zu beweisen und nicht zu rechtfertigen. Nur vor einer gründlichen Inhaltsanalyse müssen sie sich schützen, damit der ganze Schwindel nicht auffliegt. Über Placebos spricht man nicht. Man nimmt sie. Genau so, wie man über Glauben nicht spricht. Man glaubt einfach.

Helge Nyncke, dt. Illustrator u. Autor (1956 -)

Positive Ereignisse als Wunder zu klassifizieren und die Verantwortung für negative anderen Kräften anzulasten, ist allgemein üblich.

Christopher Hitchens, amerik. Autor (1949 - 2011)

Potente Offenbarungs-Religionen kennen – wenn man ihnen den Freiraum lässt – häufig nur eine Maxime, den Umgang mit dem Andersdenkenden betreffend: Du wirst dran glauben – oder: Du wirst dran glauben! Eine Maxime, die nicht nur zur Zeit der Kreuzzüge brutal umgesetzt wurde.

Michael Schmidt-Salomon, dt. Philosoph (1967 -)

Religion als Lösungsmodell für ein aufgeklärtes, unter den Anforderungen des selbstbestimmten und selbst zu verantwortendes Denken und Handeln stöhnendes Bewusstsein ist wie der Rückfall eines gerade laufen lernenden Kindes auf alle Viere – es fühlt sich erst mal sicherer an, aber es hilft nicht wirklich weiter.

Helge Nyncke, dt. Illustrator u. Autor (1956 -)

Religion eignet sich hervorragend dazu, einfache Leute ruhig zu stellen.
Napoleon Bonaparte, franz. Kaiser (1769 - 1821)

Religion gilt dem gemeinen Mann als wahr, dem Weisen als falsch und dem Herrscher als nützlich.
Seneca der Jüngere, röm. Philosoph (4 - 65)

Religion ist das, was die Armen davon abhält, die Reichen zu ermorden.
Napoleon Bonaparte, franz. Kaiser (1769 - 1821)

Religion ist die einzige Philosophie, die das Durchschnittshirn verstehen und annehmen kann.
Joseph Joubert, franz. Moralist (1754 - 1824)

Religion ist die höchste Eitelkeit.
Friedrich Hebbel, dt. Dichter (1813 - 1863)

Religion ist Feigheit vor dem Schicksal. Nichts weiter.
Rudolf von Delius, dt. Schriftsteller u. Philosoph (1878 - 1946)

Religion muss [...] aus reinem Selbsterhaltungtrieb Fragen verhindern und statt dessen Antworten geben.
Helge Nyncke, dt. Illustrator u. Autor (1956 -)

Religion spendet Trost in einer Welt, die durch Religion zerrissen ist.

Jon Stewart, amerik. Schriftsteller (1962 -)

Religion verblödet die Menschen. Schon immer und von Anfang an.

Helge Nyncke, dt. Illustrator u. Autor (1956 -)

Religion verhindert, dass Menschen frei sehenden Auges und mit fühlendem Herzen ganz zu sich selber finden können und fesselt sie statt dessen mit einem unentrinnbaren Teufelskreis der inneren Angst und Abhängigkeit. Mit ihren strengen Regeln und Ritualen festigt sie immer wieder aufs Neue jene Mauer um das Freiheit liebende Bewusstsein, die verhindert, dass sich Menschen mit eigener Kraft den Ängsten und den Herausforderungen ihres Lebens stellen, diese überwinden und bewältigen lernen und so selbstbewusst auf ihrer selbst erarbeiteten Glücksleiter immer höher steigen können.

Helge Nyncke, dt. Illustrator u. Autor (1956 -)

Religionen sind eine Ausgeburt der Angst. Sie sind die Antwort auf eine unverständliche und grausame Welt.

Arthur C. Clarke, brit. Science-Fiction-Autor (1917 - 2008)

Religiöse Leute halten Atheisten oft für eingebildet und überheblich. In Wirklichkeit sind es die religiösen Leute, die eitel sind. Sie können es sich einfach nicht vorstellen, dass es sie einmal nicht mehr geben wird.

Marian Noel Sherman, kanad. Mediziner (1880 - 1975)

Religiöse Ordnungssysteme haben alle eine Gemeinsamkeit – sie verlagern den Kern ihrer Aussage in einen nicht messbaren, nicht nachprüfbaren und somit auch nicht veränderbaren Bereich des Mythos, der vor jeglichem Zugriff durch eine Phalanx von Tabus geschützt wird.

Helge Nyncke, dt. Illustrator u. Autor (1956 -)

Religiöser Glaube birgt die Gefahr, dass er ansonsten ganz normalen Menschen gestattet, die Früchte des Wahnsinns zu ernten und sie für heilig zu halten. Da jeder neuen Kindergeneration beigebracht wird, religiöse Vorschriften müssten nicht wie alle anderen Regeln gerechtfertigt werden, ist die Zivilisation immer noch von den Armeen des Absurden belagert. Noch heute bringen wir uns wegen antiker Literatur um. Wer hätte gedacht, dass etwas so Tragisch-Absurdes möglich ist?

Sam Harris, amerik. Schriftsteller (1967 -)

Religiöses Denken und Handeln fällt ja nicht vom Himmel: Es ist ein urzeitliches Relikt der stammesgeschichtlichen Entwicklung des Menschen, eine Art fortdauerndes Kindheitstrauma des aufgeklärten modernen Homo sapiens.

Helge Nyncke, dt. Illustrator u. Autor (1956 -)

Rituale waren wichtiger als Inhalte. Gesagtes musste nicht verstanden werden.

Reinhold Miller, dt. Pädagoge u. Autor (1943 -)

Schauspielerin H.: „Die Vorstellung, dass meine Oma im Himmel sitzt, tut mir einfach besser, als zu sagen: nun ist sie aufgefressen."

Reinhold Miller, dt. Pädagoge u. Autor (1943 -)

Seit geraumer Zeit hat [...] niemand mehr eine Wiederauferstehung für sich reklamiert, und kein Schamane, der es doch tat, hat sich je bereit erklärt, seinen Trick unter nachvollziehbaren Bedingungen zu wiederholen.
Christopher Hitchens, amerik. Autor (1949 - 2011)

Seit Jahrhunderten hat die muslimische Kultur auf dem Gebiet der nichtreligiösen Wissenschaften keine nennenswerte Erfindung, Forschungsarbeit oder Entdeckung verzeichnen können.
Michael Onfray, franz. Philosoph (1959 -)

Selbst wenn die Religion als solche keinen anderen Schaden anrichten würde, schon ihre sorgfältig geförderten Spaltungstendenzen – ihre absichtliche, gezielte Unterstützung der natürlichen Neigung der Menschen, Gruppenangehörige zu begünstigen und andere Gruppen auszuschließen – würden ausreichen, um sie zu einer bedeutsamen Kraft des Bösen in der Welt zu machen.
Richard Dawkins, brit. Evolutionsbiologe (1941 -)

Seltsamerweise nimmt derjenige, der über die Entfremdung des Nachbarn lacht, deswegen seine eigene Entfremdung noch lange nicht wahr. Die Christen essen freitags Fisch und amüsieren sich über den Muslim, der kein Schweinefleisch isst. Dieser wiederum macht sich über den Juden lustig, weil er keine Krustentiere isst.
Michael Onfray, franz. Philosoph (1959 -)

So lehren [...] viele Religionen die objektiv unplausible, subjektiv aber reizvolle Idee, dass unsere Persönlichkeit nach dem Tod des Körpers weiterlebt. Der Gedanke an Unsterblichkeit überlebt und verbreitet sich, weil er das Wunschdenken bedient.
Richard Dawkins, brit. Evolutionsbiologe (1941 -)

Überdurchschnittlich religiöse Menschen leiden, so könnte man es vielleicht am treffendsten formulieren, unter einem „emotionalen Glasknochen-Syndrom": In der Regel genügt eine kleine, spitze Bemerkung – und der religiöse Knochenbruch ist vorprogrammiert. Bei Lichte betrachtet hätten aufklärerisch gesinnte, religionsfreie Menschen eigentlich weit triftigere Gründe, sich aufgrund der zahlreichen religiösen Angriffe auf ihre Lebenshaltung in ihren „weltanschaulichen Gefühlen" verletzt zu sehen. Denn was sind schon die harmlosen Späßchen, mit denen sich aufklärerische Satiriker über religiöse Glaubensvorstellungen lustig machen, verglichen mit dem, was ihnen in Bibel und Koran angedroht wird?
Michael Schmidt-Salomon, dt. Philosoph (1967 -)

Unter den vielen Lügenmächten, die in der Welt wirksam sind, ist die Theologie eine der ersten.
Mahatma Gandhi, ind. Freiheitskämpfer (1869 - 1948)

Viele Religionen kommen heute schmeichlerisch lächelnd mit ausgebreiteten Armen auf uns zu wie schmierige Händler auf einem Basar. Im Wettbewerb mit anderen Marktschreiern versprechen sie uns Trost, Solidarität und Läuterung. Aber wir dürfen uns daran erinnern, wie barbarisch sie sich aufgeführt haben, als sie noch stark waren.
Christopher Hitchens, amerik. Autor (1949 - 2011)

54

Von Leuten, die an Mohammeds Lehre nicht glauben, zu verlangen, dass sie keine Karikaturen von ihm zeichnen, ist keine Forderung nach Achtung, sondern eine Forderung nach Unterwerfung.
Ayasan Hirsi Ali, niederl. Frauenrechtlerin (1969 -)

Wann ist je den Bedrängten durch Beten Hilfe von oben gekommen? Gebetet wurde und wird seit Menschengedenken in den Häusern mit Kranken und Sterbenden, auf den Schlachtfeldern der bis heute stattfindenden Kriege, in Luftschutzkellern mit zu Tode verängstigten Menschen, in den großen Vernichtungslagern der Nationalsozialisten und Kommunisten, unter den Trümmern der durch Erdbeben zerstörten Häuser. Wurden je die Schreie und Gebete in den Folterkellern der Inquisition und aus den brennenden Scheiterhaufen erhört?
Uwe Lehnert, dt. Bildungsinformatiker (1935 -)

Warum sollte ein göttliches Wesen, in dessen Geist es um Schöpfung und Ewigkeit geht, sich auch nur einen Pfifferling um die kleinlichen Fehltritte der Menschen kümmern? Wir Menschen tragen die Nase zu hoch und blasen sogar unsere langweiligen kleinen „Sünden" noch auf ein Ausmaß von kosmischer Bedeutung auf!
Richard Dawkins, brit. Evolutionsbiologe (1941 -)

Was das Klima betrifft, würde ich den Himmel bevorzugen; doch was die Gesellschaft anbelangt, ziehe ich die Hölle entschieden vor.
Mark Twain, amerik. Schriftsteller (1835 - 1910)

Was die westliche Zivilisation an metaphysischen Maßstäben vor allem in der Neuzeit herausgebildet hat, ist hinfällig, weil die wichtigste Bezugsgröße auf einem Irrtum beruhte: der Religion.

Andreas Platthaus, dt. Journalist u. Autor (1966 -)

Was ist es, was mich als Glaubenden so sicher sein lässt, es handle sich um Gottes Stimme? Könnte es nicht auch meine eigene sein?

Reinhold Miller, dt. Pädagoge u. Autor (1943 -)

Was nicht unvoreingenommen untersucht worden ist, ist nicht sorgfältig untersucht worden. Der Skeptizismus ist daher der erste Schritt auf dem Weg zur Wahrheit.

Denis Diderot, franz. Philosoph u. Aufklärer (1713 - 1784)

Weil [die Gläubigen] ihr Leben nicht selbst in die Hand nehmen, bleiben sie religiös, unmündig und abhängig.

Reinhold Miller, dt. Pädagoge u. Autor (1943 -)

Weist nur die Menschen in den Himmel, wenn ihr sie um alles Irdische betrügen wollt.

Johann Gottfried Seume, dt. Schriftsteller (1763 - 1810)

Welch tröstliches Gefühl der Sicherheit verleiht es ichschwachen und beschädigten Individuen, einer weltumspannenden und jahrtausendealten Organisation anzugehören!

Joachim Kahl, dt. Philosoph u. Soziologe (1941 -)

Wenn die Erde bebt, ein Tsunami die Küste verwüstet oder die Zwillingstürme brennen, ist die Befriedigung der Gläubigen sicht- und hörbar. Hämisch verkünden sie: „Da seht ihr mal, was geschieht, wenn ihr nicht auf uns hört!" Mit einem salbungsvollen Lächeln offerieren sie, ohne dass es ihnen zustünde, Erlösung.

Christopher Hitchens, amerik. Autor (1949 – 2011)

Wenn die historisch-kritische Forschung mit der ihr eigenen an Sicherheit grenzenden Wahrscheinlichkeit den Nachweis erbrächte, daß Jesus von Nazareth nicht gelebt hat, dann habe ich mich im Verdacht, daß ich trotzdem nicht von ihm lassen würde.

Heinz Zahrnt, evang. Theologe (1915 – 2003)

Wenn die Offenbarungsreligionen überhaupt irgendetwas offenbart haben, dann dass sie für gewöhnlich unrecht haben.

Francis Crick, brit. Molekularbiologe (1916 – 2004)

Wenn die Religion uns nicht mehr verbrennen kann, kommt sie bei uns betteln.

Heinrich Heine, dt. Dichter (1797 – 1856)

Wenn eine Bevölkerungsmehrheit wie in den USA entgegen aller vernünftigen Argumente an den biblischen Schöpfungsmythos glaubt, muss man sich nicht wundern, wenn ihre Regierung mit „Gott an ihrer Seite" in Kreuzzüge gegen das „Böse" zieht und damit verheerende Flächenbrände in aller Welt auslöst.

Michael Schmidt-Salomon, dt. Philosoph (1967 -)

Wenn es sich um Fragen der Religion handelt, machen sich die Menschen aller möglichen Unaufrichtigkeiten und intellektuellen Unarten schuldig [...] Kein vernünftiger Mensch wird sich in anderen Dingen so leichtsinnig benehmen und sich mit so armseligen Begründungen seiner Urteile, seiner Parteinahme zufrieden geben, nur in den höchsten und heiligsten Dingen gestattet er sich das.

Sigmund Freud, österr. Arzt u. Psychologe (1856 - 1939)

Wenn Gott die Gebete der Menschen erfüllen würde, wären schon lange alle Menschen zugrunde gegangen, da sie andauernd viel Schlimmes gegeneinander erbitten.

Epikur, griech. Philosoph (341 - 270 v. Chr,)

Wenn ich sterbe, will ich keinen Priester neben meinem Bett sehen. Ich will in Würde sterben. Wenn es einen Gott gibt, werde ich ihn sehen und kann mit ihm selbst sprechen.

Eugene O'Neill, amerik. Schriftsteller (1888 - 1953)

Wenn uns die Geschichte nicht etwas anderes lehrte, wäre es geradezu unglaublich, dass die Menschen in den Krieg zogen und einander die Kehle durchschnitten, nur weil sie sich nicht darüber einigen konnten, was mit ihnen passieren wird, nachdem ihre Kehlen durchschnitten worden sind.

Walter P. Stacy, amerik. Richter (1884 - 1951)

Wenn wir heute vor dem Scherbenhaufen einer gescheiterten Integrationspolitik stehen, dann nicht zuletzt deshalb, weil die demokratiefeindlichen Potentiale der Religionen (hier: insbesondere des Islam!) maßlos unterschätzt wurden.
Michael Schmidt-Salomon, dt. Philosoph (1967 -)

Wenn wir unsere Kristalle umklammern und nervös unsere Horoskope konsultieren, während unsere Kritikfähigkeit nachlässt und wir nicht mehr in der Lage sind, zu unterscheiden zwischen dem, was uns ein Wohlgefühl vermittelt, und dem, was wahr ist, dann, ja dann gleiten wir, fast unmerklich, wieder zurück in Aberglaube und Finsternis.
Carl Sagan, amerik. Astronom (1934 - 1996)

Wenn wir zu den Anfängen aller Dinge zurückgehen, werden wir stets erkennen, dass Ignoranz und Angst die Götter erschufen; dass Einbildungskraft, Begeisterung und Irreführung sie beschönigten; dass Schwäche sie verehrt; dass Brauchtum sie überflüssig macht und dass Gewaltherrschaft sie befürworten, um von der Blindheit der Menschen zu profitieren.
Paul Thiry D'Holbach, franz. Philosoph (1723 - 1789)

Wer am meisten weiß, zweifelt am meisten.
Robert Browning, brit. Poet (1812 - 1889)

Wer falschen Trost anbietet, ist ein falscher Freund.
Christopher Hitchens, amerik. Autor (1949 - 2011)

Wer nicht in gewissen Grenzen verrückt werden kann, hat unter Gläubigen nichts zu suchen – man könnte statt verrückt auch kindlich sagen.
Peter Sloterdijk, dt. Philosoph (1947 -)

Wer sich auf die Heilkraft von Steinen oder die magische Wirkung von Planetenkonstellationen verlässt, tut genauso viel für das Gesundheitswesen wie Kettenraucher: Auch die sterben früh und vor allem flott.
Dieter Nuhr, dt. Kabarettist (1960 -)

Wer sich nur auf den Glauben beruft, schafft sich die Freiheit jeglicher Interpretation.
Reinhold Miller, dt. Pädagoge u. Autor (1943 -)

Wer sind die Geistlichen, die Natur zu interpretieren? Dass sie das nicht können, haben sie bereits zur Genüge bewiesen.
Christopher Hitchens, amerik. Autor (1949 – 2011)

Wer von unantastbaren, absoluten Wahrheiten ausgeht, der ist dazu verurteilt, nicht nur kluge, vernünftige Gedanken [...], sondern auch gravierende Denkfehler und inhumane Moralvorstellungen als verbindlich für alle Zeiten festzuschreiben.
Michael Schmidt-Salomon, dt. Philosoph (1967 -)

Wieviel dieses Märchen von Christus uns und den Unseren genützt hat, ist allbekannt.
Papst Leo X. (1475 – 1521)

Wie viel Eitelkeit verbirgt sich [...] hinter dem Anspruch, Gegenstand eines göttlichen Plans zu sein.
Christopher Hitchens, amerik. Autor (1949 - 2011)

Wieviel Hass und Dummheit die Menschen doch – elegant verpackt – Religion nennen können!
Sri Aurobido, ind.-engl. Philosoph u. Mystiker (1872 - 1950)

Wir leben in einer Zeit der Ungleichzeitigkeit: Während wir technologisch im 21. Jahrhundert stehen, sind unsere Weltbilder noch von Jahrtausende alten Legenden geprägt. [...] Wir verhalten uns wie Fünfjährige, denen die Verantwortung über einen Jumbojet übertragen wurde.
Michael Schmidt-Salomon, dt. Philosoph (1967 -)

Wir müssen die Logik jener Geschichte hinterfragen, einen allwissenden und allmächtigen Gott zu haben, welcher fehlerhafte Menschen erschafft und ihnen dann für seine Irrtümer die Schuld zuweist.
Gene Roddenberry, amerik. Drehbuchautor (1921 - 1991)

Wir müssen lernen, uns ganz grundsätzlich zuzutrauen, immer wieder einen Schritt weiter zu gehen, uns nirgendwo mit Halbwahrheiten zufrieden zu geben, Unlogisches und Ungerechtes nicht zu akzeptieren und Widersprüche, Tabus und Denkverbote nicht einfach zu schlucken. Und dazu brauchen wir nicht Gott- sondern Selbstvertrauen, die Erfahrung, sich durch das eigene Bewusstsein leiten zu lassen und aus dieser Erfahrung immer wieder neue Kraft und Erkenntnis schöpfen zu können.
Helge Nyncke, dt. Illustrator u. Autor (1956 -)

Wir müssen Mittel und Wege finden, uns auf die Kraft des Rituals zu berufen und die Übergänge, die in jedem Menschenleben nach Tiefgründigkeit verlangen – Geburt, Hochzeit, Tod – so zu vollziehen, dass wir uns dabei nicht mehr über die wahre Natur der Dinge in die eigene Tasche lügen.
Sam Harris, amerik. Schriftsteller (1967 -)

Wo wurde hemmungsloser gelogen und gefälscht als im Bereich der Religion? Wo die Gegenseite mehr beschmutzt?
Karlheinz Deschner, dt. Schriftsteller (1924 - 2014)

Zugegeben: Die meisten Menschen glauben nicht mehr an die Transsubstantiation, an die Jungfräulichkeit Marias, an die unbefleckte Empfängnis, an die Unfehlbarkeit des Papstes [...] Wo also findet sich noch das katholische Substrat? Das jüdischchristliche Weltbild? In dem Gedanken, dass die Materie, das Reale und die Welt nicht alles ist. Dass es nach wie vor etwas gibt, was sich nicht mit hinreichend erklärenden Beispielen fassen lässt: eine Kraft, eine Macht, eine Energie, eine Bestimmung oder ein Wille. Was kommt nach dem Tode? Nichts? Völlig unmöglich! Da gibt es etwas...
Michael Onfray, franz. Philosoph (1959 -)

2. Gott

Es ist schon sehr verwunderlich, wie genau Theologen und andere Gläubige über Gott Bescheid zu wissen scheinen. Predigten und Bücher sind voll von „seinen" Eigenschaften, Gedanken, Geboten und Absichten. Seit Jahrtausenden scheinen einige wenige Eingeweihte mehr über den Urgrund aller Dinge zu wissen als der Rest der Menschheit, und sie werden nicht müde, uns mit ihren Märchen beeindrucken und missionieren zu wollen.

Woher haben die Frommen ihr „Insiderwissen"? Und – wo bleibt ihr „guter Draht nach oben", wenn sie Not und Elend auf der Welt erklären sollen? Warum lässt Gott all das Leid zu? Wie konnte er die Pest, Ausschwitz, den Tsunami von 2004 oder auch nur das Leid eines einzigen Menschen zulassen?

An diesem „Theodizee-Problem" haben die Theologen sich seit zwei Jahrtausenden die Zähne ausgebissen und keine Antwort gefunden.

Warum? Vielleicht, weil die Frage falsch gestellt ist. Die „atheistische Buskampagne" brachte es 2009 auf einen Nenner, durch den sich das Theodizee-Problem mit einem Schlag in Luft auflöst:

Es gibt
(mit an Sicherheit grenzender Wahrscheinlichkeit)
keinen Gott!

500 Millionen Menschen sind im 20. Jahrhundert an Pocken gestorben, darunter viele Kinder. Gottes Wege sind in der Tat unergründlich.

Sam Harris, amerik. Schriftsteller (1967 -)

Akzeptiert man das Kreuzesopfer Jesu, das Kerngeschehen der Erlösung und allen Christentums, so akzeptiert man damit auch [...] das entsprechende archaisch-inhumane, alttestamentarische Gottesbild, ohne welches das Kreuzesopfer gar nicht als sinnvoll zu verstehen wäre.

Franz Buggle, dt. Psychologe (1933 - 2011)

Alle Eigenschaften und Tätigkeiten, die Menschen Gott zuschreiben, sind in Wirklichkeit ihre eigenen Fantasien: Alles was du über GOTT sagst, sagt etwas über dich selbst aus.

Reinhold Miller, dt. Pädagoge u. Autor (1943 -)

Auch der „liebe Gott" der Bibel ist nicht lieb. Man lese gründlich! Warum soll ein Sadist mit schizoiden Zügen, der die Liebe der ganzen Welt für sein eigenes Verlangen unter Verwünschungen erzwingt, lieb sein? Es gibt keinen „Nächstenliebe-Gott". Nur in der Vorstellung wandelte er sich vom rohen Egomanen zum Teddybär.

Marcel Dobberstein, dt. Philosoph u. Pädagoge (1964 -)

Auf Ungläubige wirkt es verwunderlich und befremdlich, wie wenig Probleme Gläubige damit haben, dass ihr Gott so sehr menschlichen Bildern und Begriffen entgegenkommt und so sehr menschliche Wünsche zu erfüllen scheint.

Peter Henkel, dt. Philosoph u. Journalist (1942 -)

Da Gott schweigt, schwätzen seine irdischen Vertreter umso mehr.
Michael Onfray, franz. Philosoph (1959 -)

Dass ein gütiger Gott die komplette Menschheit mit Ausnahme seiner beiden Lieblingsexemplare ersäuft, macht aus Gott eine Art stalinistischen Säuberer.
Dieter Nuhr, dt. Kabarettist (1960 -)

Der Glaube an einen gewalttätigen, eifersüchtigen, intoleranten und streitlustigen einzigen Gott hat deutlich mehr Hass, Leid und Tod hervorgebracht als Frieden. Der jüdische Wahn vom auserwählten Volk legitimiert Kolonisierung, Enteignung, Hass und Zwietracht zwischen den Völkern [...] Auch der christliche Verweis auf die Händler im Tempel [...] bildet eine gefährliche Rechtfertigungsgrundlage, und zwar nicht nur für die Kreuzzüge, die Inquisition, die Religionskriege [...], sondern auch für die weltweite Kolonisierung, die Völkermorde in Nordamerika [...]. Oder der fast auf allen Seiten des Korans präsente eindeutige Hinweis auf die Forderung, die Ungläubigen [...] samt deren Religion, Kultur und Zivilisation zu zerstören – und das im Namen eines barmherzigen Gottes.
Michael Onfray, franz. Philosoph (1959 -)

[Der Mensch schuf Gott] als Versicherung, als ein Pfeifen im Walde des endlosen Alls, dessen Totenstille ihn ängstigt.
Marcel Dobberstein, dt. Philosoph u. Pädagoge (1964 -)

Die Anzeichen eines gütigen Schöpfers sind ziemlich gut versteckt.
Steven Weinberg, amerik. Physiker (1933 -)

Die Behauptung, es geben einen [...] in allem nistenden Gott, bezeugt zuallererst dies: dass ihr Anhänger partout Transzendenz haben will und braucht.

Peter Henkel, dt. Philosoph u. Journalist (1942 -)

Die einzige Entschuldigung für Gott ist die, dass es ihn nicht gibt.

Stendhal, franz. Schriftsteller (1783 - 1842)

Die Hypothese „Gott" hat heutzutage keinen Nutzwert mehr für die Erklärung der Natur, sie steht nur allzu oft einer besseren und genaueren Erklärung im Wege.

John A. T. Robinson, anglik. Bischof (1919 - 1983)

Die Leute sagen mir oft: „Kannst du nicht sehen, dass der Schmetterling, der Kolibri und der Paradiesvogel Beweise eines gütigen Schöpfers sind?" Und ich antworte jedes Mal: „Nun, wenn du die Natur für die Schöpfung eines gütigen Gottes hältst, solltest du auch an einen kleinen westafrikanischen Jungen denken, dessen Augapfel von einem winzigen Wurm durchbohrt wird und ihn langsam erblinden lässt. Der Schöpfergott, an den Du glaubst, hat höchstwahrscheinlich auch diesen Wurm geschaffen."

David Attenborough, brit. Dokumentarfilmer (1926 -)

Die sterblichen, beschränkten und unter diesen Zwängen leidenden Menschen streben nach Vollkommenheit und kreieren deshalb eine Macht, die genau diese fehlenden Eigenschaften besitzt. Sie stülpen ihre Mängel um wie die Finger eines Hand-

schuhs und bringen so Eigenschaften hervor, vor denen sie sich verneigen und schließlich sogar in die Knie gehen. Ich bin sterblich? Gott ist unsterblich. Mir sind Grenzen gesetzt? Gott kennt keine Grenzen. Ich weiß nicht alles? Gott ist allwissend.
Michael Onfray, franz. Philosoph (1959 -)

Die Vorstellung eines den Menschen zugetanen, (all-) mächtigen Gottes verträgt sich schlecht mit dem grässlichen Teil der irdischen Wirklichkeit.
Peter Henkel, dt. Philosoph u. Journalist (1942 -)

Ein Esel stellt sich Gott als Esel vor. Der Papst stellt sich Gott als Mann vor.
Uta Ranke-Heinemann, dt. Theologin (1927 -)

Ein Gott, der die Hölle gemacht, verdient als einziger darin zu braten
Karlheinz Deschner, dt. Schriftsteller (1924 - 2014)

Ein Gott, der sich mit so trivialen Fragen wie der Homosexuellenehe befasst, oder sogar mit dem Namen, mit dem man ihn im Gebet ansprechen soll, kann nun so unergründlich auch wieder nicht sein.
Sam Harris, amerik. Schriftsteller (1967 -)

Ein Gott, der zum Vergnügen und mutwillig diese Welt der Noth und des Jammers hervorbringt und dann noch gar sich

selber Beifall klatscht („Und Alles ward sehr gut" 1. Mose 1,31)
– das ist nicht zu ertragen.
Arthur Schopenhauer, dt. Philosoph (1788- 1860)

Eine Zwischenbilanz ergibt: Gott ist zwar gut, schweigt aber,
schläft und vergisst die Menschen, reagiert womöglich empfind-
lich auf Kritik – und ist dennoch irgendwie eins mit der Liebe
und dem Guten.
Peter Henkel, dt. Philosoph u. Journalist (1942 -)

Einem weithin gewalttätig-willkürlichen Gott steht ein als sün-
dig und verderbt gezeichneter Mensch gegenüber, der wenig bis
nichts für sein eigenes Heil bewirken kann, sondern allein auf
Gottes Gnade angewiesen ist.
Franz Buggle, dt. Psychologe (1933 - 2011)

Es gibt keine vom Menschen erdachte Narretei, die nicht her-
angezogen wurde, um das Feld der möglichen Gottheiten zu
erweitern.
Michael Onfray, franz. Philosoph (1959 -)

Es gibt keinen Grund zu glauben, dass irgendeine Art von
Göttern existierte, aber recht gute Gründe anzunehmen, dass sie
nicht existieren und auch nie existiert haben. Das Ganze war
nur eine gigantische Verschwendung von Zeit und Leben. Wäre
es nicht so tragisch, könnte man es für einen Scherz kosmischen Ausmaßes halten.
Richard Dawkins, brit. Evolutionsbiologe (1941 -)

Es gibt neben dem Schwert und dem Hunger eine noch größere Tragödie, nämlich die des Schweigens Gottes, der sich nicht mehr offenbart und sich scheinbar in seinem Himmel eingeschlossen hat, so als sei er des menschlichen Tuns überdrüssig.

Papst Johannes Paul II (1920 - 2005), anlässlich einer Generalaudienz 2002

Es ist interessant, dass die meisten Religionen das Opfer für ein adäquates Mittel halten, Gott zu bestimmten Handlungen zu überreden. Wenn Abraham ein Schaf oder der Eingeborenenstamm ein Huhn oder der Katholik ein 50-Cent-Stück opfert, dann sind sie sich offenbar einig in der Meinung, dass sie Gott für korrupt halten.

Dieter Nuhr, dt. Kabarettist (1960 -)

Es ist lächerlich anzunehmen, dass der Urgrund aller Dinge sich um die menschlichen Angelegenheiten kümmert.

Plinius, röm. Philosoph (23 - 79)

Es ist prinzipiell so, dass Nicht-Existenzen nicht bewiesen werden können! Man könnte behaupten, unser Universum sei in Wahrheit der Verdauungstrakt eines gigantischen, blaugestreiften und doch unsichtbaren Kobolds namens „Gaga Gugelhurz" – und niemand könnte die Nichtexistenz dieses imaginären Wesens beweisen. Allerdings – Ein solcher Beweis wäre auch nicht notwendig. Warum? Weil nicht derjenige, der die Existenz des Gugelhurzes oder des christlichen Gottes bestreitet, Beweise anbringen muss, sondern derjenige, der solche gewagte Thesen vertritt.

Michael Schmidt-Salomon, dt. Philosoph (1967 -)

Es scheint mir zu viel Elend in der Welt zu sein. Ich kann mich nicht zu der Ansicht überreden, dass ein wohlmeinender und allmächtiger Gott die Schlupfwespen ausgerechnet mit der Absicht geschaffen haben sollte, dass sie sich im lebenden Körper von Raupen ernähren sollten.

Charles Darwin, brit. Naturforscher (1809 - 1882)

Für einen gebildeten Menschen wird der Glaube an [...] Gott bald ebenso unmöglich wie der Glaube daran, dass die Erde eine Scheibe ist, dass Fliegen aus dem Nichts entstehen, dass Krankheit eine göttliche Strafe ist oder dass der Tod etwas mit Zauberei zu tun hat.

John A. T. Robinson, anglik. Bischof (1919 - 1983)

Gott hat den Menschen nicht nach seinem Vorbild geschaffen. Ganz offensichtlich war es genau umgekehrt.

Christopher Hitchens, amerik. Autor (1949 - 2011)

Gott ist das einzige Wesen, das, um zu herrschen, noch nicht einmal existieren muss.

Charles Baudelaire, franz. Schriftsteller (1821 - 1867)

Gott ist die aufs Lächerlichste vermenschlichte Erfindung der ganzen Menschheit. In den Jahrmilliarden, die unsere Erde alt ist, sollte sich Gott erst vor 4000 Jahren den Juden und vor knapp 2000 Jahren den Christen offenbart haben, mit deutlicher Bevorzugung der weißen Rasse unter Vernachlässigung der Schwarzen, der Gelben und der Rothäute? Auf solche Märchen kann ich mühelos verzichten.

Claire Goll, dt.-franz. Dichterin (1891 - 1977)

Gott ist eine literarische Figur wie Odysseus, Faust oder Hamlet. Geschaffen wurde sie nach einem Vorbild, und das Vorbild ist der Mensch.

Marcel Reich-Ranicki, dt. Literaturkritiker (1920 - 2013)

Gott ist eine vom Menschen erdachte Hypothese bei dem Versuch, mit dem Problem der Existenz fertigzuwerden.

Sir Julian Huxley, engl. Biologe u. Philosoph (1887 - 1975)

Gott ist nur ein erdachtes Wort, uns die Welt zu erklären.

Alphonse de Lamartine, franz. Dichter (1790 - 1869)

Gott ist nur eine Arbeitshypothese. Es zeigt sich, dass alles auch ohne Gott geht und zwar ebenso gut wie vorher.

Dietrich Bonhoeffer, lutherischer Theologe (1906 - 1945)

Gott lieben heißt, sich selber hassen.

Martin Luther, dt. Reformator (1483 - 1546)

Gott und Vaterland sind ein unschlagbares Team; bei Unterdrückung und Blutvergießen brechen sie alle Rekorde.

Luis Bunuel, span. Regisseur (1900 - 1983)

Ich bin bereit, meinem Schöpfer gegenüberzutreten. Ob mein Schöpfer ebenso bereit ist, diese Begegnung über sich ergehen zu lassen, ist eine andere Sache.

Winston Churchill, brit. Premierminister (1874 - 1965)

Ich bin mir sicher, dass Gott ein Mann ist. Wäre er eine Frau, würde er zu uns sprechen.

Dieter Nuhr, dt. Kabarettist (1960 -)

Ich denke, jeder, der sich anmaßt zu wissen, was Gott denkt, gehört in die Psychiatrie.

Larry Cohen, amerik. Regisseur (1941 -)

Ich fühle mich nicht zu dem Glauben verpflichtet, dass derselbe Gott, der uns mit Sinnen, Vernunft und Verstand ausgestattet hat, von uns verlangt, dieselben nicht zu benutzen.

Galileo Galilei, ital. Naturwissenschaftler (1564 - 1642)

Ich glaube wo wenig an Gott, wie ich an den Klapperstorch glaube.

Clarence Darrow, amerik. Anwalt (1857 - 1938)

Ich glaubte während der Zeit der gymnasialen Oberstufe an Gott, weil er unantastbar war. IHN zu hinterfragen wäre Todsünde gewesen. Ich glaubte ferner, weil ich es bisher so gewohnt und es in meiner katholischen Umwelt Brauch war.

Reinhold Miller, dt. Pädagoge u. Autor (1943 -)

In völliger Unkenntnis aller modernen hirnphysiologischen und verhaltenspsychologischen Erkenntnissen folgerte [der frühe Mensch] aus seinem noch recht bescheidenen Erfahrungsschatz, dass alles, was existiert, von irgendjemandem geschaffen sein müsse, denn das war seine eigene Erfahrung aus dem Bereich bewusstseinsgesteuerter Handlungen, mit denen er selbst erfolgreich seine Umwelt zu gestalten, also zu schöpfen begann. Der Mensch, nicht Gott erfand die Schöpfung. Der Mensch schuf Gott nach seinem Ebenbild, nicht umgekehrt.

Helge Nyncke, dt. Illustrator u. Autor (1956 -)

Ist es denn zuviel erhofft, ist es kindlich naiv oder zeugt es von völligem Missverstehen des Wesens Gottes, eine eindeutige Botschaft von ihm zu erwarten?

Uwe Lehnert, dt. Bildungsinformatiker (1935 -)

Ist Gott willens, aber nicht fähig, die Übel zu verhindern? Dann ist er nicht allmächtig. Ist er fähig, aber nicht willens? Dann ist er nicht allgütig. Ist er sowohl fähig als auch willens? Woher kommen dann die Übel?

Epikur, griech. Philosoph (341 - 270 v. Chr.)

Jeder denkt, Gott sei auf seiner Seite. Die Reichen und Mächtigen wissen, dass er es tatsächlich ist.

Jean Anouilh, franz. Schriftsteller (1910 - 1987)

Läßt man einmal die Versuche einer Reihe moderner Theologen unbeachtet, das (peinliche) Faktum des blutigen Kreuztodes Jesu und seiner biblischen Interpretation „dialektisch" umzudeuten oder hinter einer verbalen Nebelwand abstrakt-vager, aber „tief" klingender Begrifflichkeiten zu verstecken, läßt man vielmehr die entsprechenden biblischen Texte und ihren Inhalt unvoreingenommen auf sich wirken, so ergibt sich in eindeutiger Klarheit: Der Kreuzestod Jesu reiht sich nahtlos ein in die

73

alttestamentarisch als offenbar selbstverständlich angenommene Vorstellung eines gekränkten, durch menschliche Missetaten beleidigten, zürnenden und strafwilligen Gottes, der durch Opfer und insbesondere das dabei [...] geflossene Blut wieder zu versöhnen ist.

Franz Buggle, dt. Psychologe (1933 - 2011)

Man darf wohl mit Sicherheit davon ausgehen, dass jeder Mensch, der in New Orleans wohnte, als Katrina zuschlug, [den] Glauben an einen allmächtigen, allwissenden und barmherzigen Gott teilte. Aber was tat Gott, während Katrina die Stadt in Trümmer legte? Hat er die Gebete der alten Männer und Frauen nicht gehört, die sich vor den Fluten auf ihre Dachböden retteten, nur um dort dann langsam zu ertrinken? [...] Diese armen Menschen starben, während sie Hilfe von einem eingebildeten Freund erflehten.

Sam Harris, amerik. Schriftsteller (1967 -)

Man kann Gott nicht beweisen, aber die Welt ohne ihn erklären.

Jérôme Lalande, franz. Mathematiker u. Astronom (1732 - 1807)

Nach Auschwitz besteht mein Atheismus nicht mehr einfach in der Bestreitung „seines" Daseins. Sondern in meiner Empörung über die Würdelosigkeit derer, die einem, der dies zugelassen hat, im Gebet nahen.

Günther Anders, österr. Sozialphilosoph (1902 - 1992)

Nicht Gott spricht zu mir, nicht ER wendet sich an mich, sondern ich hole IHN mir durch meine Vorstellungen in mein Bewusstsein, mache IHN mir zum imaginären Gesprächspartner. [...] Der Anbeter hat Macht über den Angebeteten.
Reinhold Miller, dt. Pädagoge u. Autor (1943 -)

O GOTT, o GOTT! was hätten wir wohl Großartigeres erfinden können als DICH! Nicht mehr an DICH zu glauben hieße, von nun an alles wieder selber verantworten zu müssen.
Kriemhild Klie-Riedel, dt. Publizistin (1914 - 2003)

Ob wir Gott konstruieren oder nicht: Es sagt erkenntnistheoretisch nichts darüber aus, ob er wirklich existiert.
Reinhold Miller, dt. Pädagoge u. Autor (1943 -)

Seit Menschengedenken erzählen die Menschen Göttergeschichten – und immer waren sie der Meinung, dass ihr Gott der einzig richtige sei. Aber dass wir so viele Göttergeschichten haben, beweist nicht, dass es einen solchen Gott gibt, sondern nur, dass wir offenbar nicht in der Lage sind, uns ein konkretes Bild zu machen, ohne Geschichten zu erfinden. Und die Verschiedenheit der Geschichten beweist, dass wir weit entfernt davon sind, die wahre Geschichte zu kennen. Religion sagt nichts aus über Gott, aber viel über die Gläubigen.
Dieter Nuhr, dt. Kabarettist (1960 -)

Sire, diese Hypothese brauche ich nicht.
Pierre-Simon Laplace, franz. Mathematiker u. Astronom (1749 - 1827), auf die Frage Napoleons, wie er sein Buch schreiben konnte, ohne Gott zu erwähnen

Über Gott habe ich im Leben noch nicht gelästert. Ich lästere höchstens über die, die ihn erfunden haben.

Volker Pispers, dt. Kabarettist (1958 -)

Vielleicht wurde alles von einer hohen Intelligenz geplant, von einem Gott, der, als er alles so einrichtete, schon an uns dachte. Ich weiß es nicht, und ich erwarte auch nicht, dass ich es einmal wissen werde, noch bin ich sehr daran interessiert. Falls dies alles von Gott geplant wurde, so ist Er so weit entfernt von dem allgegenwärtigen Gott des Gebets und der Verehrung, dass ich mir kaum vorstellen kann, dass es sich um das gleiche Wesen handelt.

Nevill Mott, brit. Physiker (1905 - 1996)

Während Katrina New Orleans vernichtete, wurden im Irak fast tausend schiitische Pilger auf einer Brücke zu Tode getrampelt. All diese Menschen hatten mit Hingabe an den Gott des Koran geglaubt. Und nicht nur das – ihr ganzes Leben war um die unumstrittene Wahrheit seiner Existenz herum aufgebaut gewesen. Die Frauen hatten sich verschleiert, die Männer pflegten einander zu töten, nur weil sie sein Wort jeweils anders auslegten. Doch es wäre ein Wunder, wenn auch nur ein Überlebender dieser Tragödie seinen Glauben ihretwegen verloren hätte. Viel wahrscheinlicher ist, dass die Verschonten überzeugt sind, einzig durch die Gnade Gottes vor dem Tod bewahrt worden zu sein.

Sam Harris, amerik. Schriftsteller (1967 -)

Warum sollten wir erwarten, dass Gott die nächste Welt besser gemacht hat als die jetzige?

Robert G. Ingersoll, amerik. Politiker (1833 - 1899)

Was er (der Mensch) selbst nicht ist, aber zu sein wünscht, das stellt er sich in seinen Göttern als seiend vor; die Götter sind die als wirklich gedachten, die in wirkliche Wesen verwandelten Wünsche des Menschen; ein Gott ist der in der Phantasie befriedigte Glückseligkeitstrieb des Menschen.

Ludwig Feuerbach, dt. Philosoph (1804 - 1872)

Was gibt es daran noch zu respektieren, oder an all den Verbrechen, die heute nahezu täglich rund um die Welt im gefürchteten Namen der Religion begangen werden? Wie gut und mit welchen tödlichen Folgen errichtet die Religion ihre Denkmäler, und wie gern sind wir bereit, für sie zu morden! Und wenn wir es nur oft genug getan haben, macht die Abtötung des Mitgefühls, die damit einhergeht, eine Wiederholung immer einfacher. So erweist sich Indiens Problem als das Problem der ganzen Welt. Was in Indien geschehen ist, ist im Namen Gottes geschehen. Das Problem hat einen Namen: Gott.

Salman Rushdie, ind.-brit. Schriftsteller (1947 -), zu den religiösen Konflikten zwischen Hindus und Muslimen in Indien

Was ist der Unterschied zwischen dem Papst und mir? Er glaubt nicht an 300.000 Götter und ich glaube nicht an 300.001 Götter.

Michael Schmidt-Salomon, dt. Philosoph (1967 -)

Was tat Gott, bevor er die Welt schuf? Bereitete er die Hölle vor für Menschen, die solche Fragen stellen?

Stephen Hawking, amerik. Physiker (1942 -)

Wenn der Töpfer gegen die Vase, die er geformt hat, in Wut gerät, weil sie nicht gut geworden ist, müsste er sich dann die Schuld nicht eigentlich selbst zuschreiben?
Paul Thiry D'Holbach, franz. Philosoph (1723 - 1789)

Wenn die Bibel und mein Verstand vom selben Schöpfer stammen, wessen Schuld ist es dann, dass sich die Bibel und mein Verstand einfach nicht vertragen können?
Robert G. Ingersoll, amerik. Politiker (1833 - 1899)

Wenn Dreiecke einen Gott hätten, würden sie ihn mit drei Ecken ausstatten.
Charles-Lois Baron de Montesquieu, franz. Philosoph (1689 - 1755)

Wenn es Auschwitz gibt, kann es Gott nicht geben.
Primo Levi, ital. Schriftsteller und Auschwitz-Überlebender (1919 - 1987)

Wenn es einen Gott gibt, der einige seiner Kinder verdammt, nur weil sie nicht an ihn glauben, will ich lieber in die Hölle als in den Himmel.
Robert G. Ingersoll, amerik. Politiker (1833 - 1899)

Wenn es tatsächlich eine nicht mehr hinterfragbare Erstursache gäbe, wieso sollte sie gerade identisch sein mit dem Gott der christlichen Religion?
Peter Henkel, dt. Philosoph u. Journalist (1942 -)

Wenn Gott uns etwas zu sagen hat, warum sagt er es uns nicht selbst? Ganz direkt und unmittelbar und nicht durch selbsternannte Vertreter vermittelt.

Uwe Lehnert, dt. Bildungsinformatiker (1935 -)

Wenn Gott uns unsere Sünden vergeben will, warum vergibt er sie dann nicht einfach, ohne sich selbst dafür foltern und hinrichten zu lassen?

Richard Dawkins, brit. Evolutionsbiologe (1941 -)

Wenn Gott wirklich wollte, dass die Menschen keine solchen Gedanken [Neid etc.] hegen, hätte er sich bei der Erfindung der Spezies etwas mehr Mühe geben sollen.

Christopher Hitchens, amerik. Autor (1949 – 2011)

Wer sich als endlicher Mensch nicht bescheiden kann, der erfindet das Weiterleben, die Unsterblichkeit, bzw. das Unsterbliche: Gott.

Reinhold Miller, dt. Pädagoge u. Autor (1943 -)

Wer sich wegen guter psychohygienischer Effekte entscheiden sollte, an Gott zu glauben, glaubt nicht an Gott, sondern an die hohe Bedeutung des eigenen Wohlbefindens – und das hat mit Christentum rein gar nichts zu tun.

Manfred Lütz, dt. Psychotherapeut u. Theologe (1954 -)

Wie hat Gott „mitansehen" können, dass Auschwitz möglich gemacht wurde? Wie hat er „zusehen" können, als das Gas ausströmte und die Verbrennungsöfen brannten?

Hans Küng, schweiz. Theologe (1928 -)

Wie sollen wir es uns [...] erklären, dass ein allmächtiger und allwissender Schöpfergott zunächst a) eine ungeheure Vielfalt von Dinosauriern erschuf, später b) einen riesigen Felsbrocken auf deren Heimatplanet einschlagen ließ, damit c) die Dinosaurier wieder aussterben, um so d) Platz zu schaffen für die vermeintliche Krönung der Schöpfung, Homo sapiens sapiens? Ein solcher Gott wäre kein intelligenter Designer, sondern vielmehr ein Musterbeispiel für blinde Konzeptlosigkeit.

Michael Schmidt-Salomon, dt. Philosoph (1967 -)

Wir sind Gottes Geschöpfe. Wenn wir schuldig sind, was ist er dann?

Franz Kafka, dt. Schriftsteller (1883 - 1924)

3. Die Bibel

Gottesdienstbesuchern wird unermüdlich von einem gnädigen, barmherzigen und liebenden Gott gepredigt. Doch bei genauerem Hinsehen wird klar, wie wenig dieser mit dem biblischen Gott gemein hat. Dort, in der fundamentalen Grundlage des Christentums, liest man schaudernd von einem rachsüchtigen, jähzornigen Gott, einem ethnischen Säuberer, der ganze Städte und Völker aus geringem Anlass niedermetzelt. Wem solche Beschreibungen übertrieben erscheinen, dem sei Franz Buggles Buch „Denn sie wissen nicht, was sie glauben" empfohlen oder – noch besser – die Bibel selbst. Jeder lese selbst, von welchem Gott dort die Rede ist und welche ethisch-moralischen Standards er vermittelt. Dabei wird man feststellen, dass die inhumanen, grausamen Textstellen sehr deutlich überwiegen.

Der reflexartig vorgebrachte Einwand, jene grausamen Geschichten beschränkten sich auf das Alte Testament (das den mit Abstand größten Teil der Bibel ausmacht), während mit Jesus im Neuen Testament alles besser wird, greift nur scheinbar. Untersucht man die Texte genauer, wird klar, dass die von Jesus eingeführte und immer wieder angedrohte ewige (!) Höllenstrafe für bereits geringe Vergehen alle erdenklichen irdischen, zeitlich begrenzten Strafen bei weitem in den Schatten stellt.

Wer die „Heilige Schrift" des Christentums unvoreingenommen liest und sich nicht von den verharmlosenden theologischen Verschleierungen einlullen lässt, wird seinen Augen kaum trauen. Und er lasse sich von niemandem einreden, dass man die zahllosen kriegsverherrlichenden, grausamen und menschenverachtenden Texte eben im Lichte der damaligen Zeit interpretieren müsste.

Denn erstens gab und gibt es unzählige Gläubige, welche die Bibel auch heute noch getreu beim Wort nehmen. Zweitens muss sich der verharmlosend und scheinbar modern daherkommende Theologe, der uns lediglich die biblischen Rosinen auftischt und gerne alles andere unter den Teppich kehren oder uminterpretieren möchte, fragen lassen, nach welchen Kriterien er dabei auswählt. Wenn Theologen, Prediger und Gläubige sich bei ihren Rechtfertigungen auf die Bergpredigt und wenige andere positive Abschnitte aus dem biblischen Sammelsurium beschränken, wird das dem durchgängig gewalttätigen, intoleranten und inhumanen Charakter der Bibel in keiner Weise gerecht. Die Auswahl der Texte, die gerne in die Öffentlichkeit hinausposaunt werden, offenbart reine Willkür.

Manche Texte sind nur metaphorisch zu verstehen? Oder im Lichte der damaligen gesellschaftlichen Zustände? Sollte ein allmächtiger und allwissender Gott nicht in der Lage sein, seine Worte an sein Lieblingsgeschöpf allgemein verständlich und so zu formulieren, dass sie keiner „Übersetzung" oder Umdeutung selbsternannter Experten bedürfen? Mit welchem Recht und auf welcher Basis werden uns manche biblischen Texte als lediglich symbolisch, andere als wörtlich zu verstehend verkauft, während gleichzeitig große Teile des Alten Testaments gänzlich ausgeblendet oder verharmlost werden?

Die Bibel selbst verbietet am Ende der Johannesoffenbarung, irgendwelche ihrer Teile wegzulassen. Man nehme sie also beim Wort, lese sie mit offenen Augen und wachem Geist und mache sich sein eigenes Bild jener Schrift, auf der zwei Jahrtausende Christentum beruhen.

Alle als Offenbarung Gottes apostrophierte Aussagen und Erscheinungen sind Konstrukte der Menschen. Dass sie göttlichen Ursprungs, also Gottesoffenbarungen seien, sind wiederum Deutungen und Fantasien der Menschen.

Reinhold Miller, dt. Pädagoge u. Autor (1943 -)

Altes und Neues Testament als angebliches Gotteswort enthalten eine solche Fülle an grausamen, geradezu sadistisch zu nennenden göttlichen Bestrafungen und Strafandrohungen, dass entweder an der Menschenfreundlichkeit dieses Gottes oder an der behaupteten göttlichen Urheberschaft dieser Texte gezweifelt werden muss.

Uwe Lehnert, dt. Bildungsinformatiker (1935 -)

Befragt man [...] die fünf Bücher Mose, welche Einstellung sie zum Krieg, zur Gewaltanwendung gegen andere Völker vermitteln, so findet man mehrheitlich eine, gelinde gesagt, ausgesprochen positive Bewertung des Krieges, und zwar in der Regel eines Angriffs- und Eroberungskrieges.

Franz Buggle, dt. Psychologe (1933 - 2011)

Christen haben Menschen jahrhundertelang im Namen Gottes und aufgrund von Bibelauslegungen, die den Theologen offenbar völlig vertretbar schienen, verletzt, missbraucht, unterdrückt, versklavt, gekränkt, gequält, gefoltert und getötet.

Sam Harris, amerik. Schriftsteller (1967 -)

Christliche Theologen mussten zugeben, was die Spatzen längst von den Dächern pfiffen: Die Bibel ist nicht das vom Himmel gefallene heilige Buch, für das viele es gehalten haben. Normale Menschen haben diese Sätze geschrieben, und ihnen ist beim Schreiben nicht vom Allerhöchsten die Feder geführt worden, sondern von dem, was in ihren Köpfen steckte, und das war, damals wie heute, zeitbedingt, begrenzt, irrtumsanfällig.
Christian Nürnberger, dt. Publizist (1951 -)

Das gefährlichste aller Bücher in weltgeschichtlicher Hinsicht [...] ist doch wohl unstreitig die Bibel, weil wohl kein anderes Buch so viel Gutes und Böses im Menschengeschlecht zur Entwicklung gebracht hat.
Johann Wolfgang v. Goethe, dt. Dichter (1749 - 1832)

Das „Gott sprach..." in der Bibel ist keineswegs als verbale Äußerung zu verstehen, sondern ist die Wiedergabe menschlicher Vorstellungen, Wahrnehmungen, Bilder, Fantasien, also Auditionen und Visionen: z. B. das Rauschen des Wassers, der Wind oder Sturm in der Wüste, Nebel am Horizont, Verdunkelung der Sonne, Fata Morgana. Naturerscheinungen wurden als „Stimme" Gottes gedeutet.
Reinhold Miller, dt. Pädagoge u. Autor (1943 -)

Das von Gott geoffenbarte, das in der Heiligen Schrift enthalten ist und vorliegt, ist unter dem Anhauch des Heiligen Geistes aufgezeichnet worden; denn aufgrund apostolischen Glaubens gelten unserer heiligen Mutter, der Kirche, die Bücher des Alten wie des Neuen Testamentes in ihrer Ganzheit mit allen ihren Teilen als heilig und kanonisch, weil sie unter Einwirkung des Heiligen Geistes geschrieben [...], Gott als Urheber haben und als solche der Kirche übergeben sind. Zur Abfassung der Heiligen Bücher hat Gott Menschen erwählt, die ihm durch den Gebrauch ihrer eigenen Fähigkeiten und Kräfte dazu dienen sollten, all das und nur das, was er in ihnen und durch sie wirksam geschrieben haben wollte, als echte Verfasser schriftlich zu überliefern Da also all das, was die inspirierten Verfasser aussagen, als vom Heiligen Geist ausgesagt gelten muß, ist von den Büchern der Schrift zu bekennen, daß sie sicher, getreu und ohne Irrtum die Wahrheit lehren, die Gott um unseres Heiles willen in heiligen Schriften aufgezeichnet haben wollte. Gott ist der Urheber (Autor) der Heiligen Schrift: er hat ihre menschlichen Verfasser (Autoren) inspiriert; er handelt in ihnen und durch sie. Er verbürgt somit, daß ihre Schriften die Heilswahrheit irrtumsfrei lehren.

Zweites Vatikanisches Konzil, 1965

Das wichtigste Ergebnis der dogmatisch ungebundenen Bibelkritik des 19. und 20. Jahrhunderts ist die Erkenntnis der Nichtidentität des Jesus von Nazareth mit dem biblischen und kirchlichen Christus.

Karlheinz Deschner, dt. Schriftsteller (1924 - 2014)

Das Wort Gottes ist für mich nichts als Ausdruck menschlicher Schwächen, die Bibel eine Sammlung ehrwürdiger, aber doch reichlicher primitiver Legenden. Keine noch so feinsinnige Auslegung kann daran etwas ändern.

Albert Einstein, Physiker (1879 - 1955)

Der Autor aller Worte Gottes ist immer der Mensch selbst. Wenn es heißt Gott hat gesagt, dann bedeutet das: Der Mensch hat gesagt, Gott habe gesagt.

Paul Schulz, dt. Theologe (1937 -)

Der Gott des Alten Testaments ist – das kann man mit Fug und Recht behaupten – die unangenehmste Gestalt in der gesamten Literatur: Er ist eifersüchtig und auch noch stolz darauf; ein kleinlicher, ungerechter, nachtragender Überwachungsfanatiker; ein rachsüchtiger, blutrünstiger, ethnischer Säuberer; ein frauenfeindlicher, homophober, rassistischer, Kinder und Völker mordender, ekliger, größenwahnsinniger, sadomasochistischer, launisch-boshafter Tyrann.

Richard Dawkins, brit. Evolutionsbiologe (1941 -)

Der im Alten Testament beschriebene Gott ist erbarmungslos, gewalttätig, er erschlägt zu Tausenden Erstgeborene und lässt aus Zorn zwischendurch mal die gesamte Menschheit untergehen. Was soll an diesem Gott verehrungs- und anbetungswürdig sein?

Uwe Lehnert, dt. Bildungsinformatiker (1935 -)

Der Originaltext verschwindet immer mehr; man bemerkt die immer zahlreicher werdenden Widersprüche zwischen den Handschriften verschiedener Überlieferung und versucht sie auszugleichen: Das Ergebnis ist ein Chaos.

Edwyn Hoskyns, brit. Theologe (1884 - 1937), über die Entstehung der Evangelien

Der von der Kirche gelehrte Zwölferkreis der Apostel ist eine Fiktion, nämlich eine rein symbolische, den zwölf Stammesvätern und Stämmen Israels entsprechende Zahl.

Karlheinz Deschner, dt. Schriftsteller (1924 - 2014)

Der Weissagungsbeweis ist für uns abgetan. Wir wissen alle, daß er nicht stimmt.

Emanuel Hirsch, evang. Theologe (1888 - 1972), über die angeblichen alttestamentarischen Prophezeiungen und Vorhersagen bezüglich Jesus

Die beiden Testamente zusammengenommen gaben dem Rechthaber, dem Frömmler, dem Parteigänger, dem Wortklauber, dem Bürokraten, dem Zuchtmeister und dem Sadisten die Möglichkeit, ihren Willen mit dem Schein einer Rechtfertigung zu versehen, und dies ist so bis auf den heutigen Tag geblieben.

Miner Searle Bates, amerik. Historiker (1897 - 1978)

Die Bibel, das konservativste Buch der Weltliteratur, das Buch, mit dem man Todesstrafe, Obrigkeitsstaat, ewiges Bleiben von reich und arm, Kapitalistenausbeutung und Ausgebeutet-Sein begründen kann.

Helmut Gollwitzer, dt. Theologe (1908 - 1993)

Die Bibel enthält von Ursprung an ausschließlich Geschriebenes von Menschen auf der Basis mündlicher Überlieferungen. Ob darin auch Inspirationen von Gott enthalten sind, können nur die Schreiber allein erspüren – und die Lesenden glauben oder nicht glauben.

Reinhold Miller, dt. Pädagoge u. Autor (1943 -)

Die Bibel gibt zwar einen Freibrief für Menschenhandel, ethnische Säuberungen, Sklaverei, Zwangsehe und willkürliche Massaker, doch wir sind nicht daran gebunden, denn er wurde von primitiven, unkultivierten menschlichen Säugetieren ausgestellt.

Christopher Hitchens, amerik. Autor (1949 - 2011)

Die Bibel – Gottes Wort? Was wäre das für ein Gott!

Uwe Lehnert, dt. Bildungsinformatiker (1935 -)

Die Bibel ist ein Regelwerk der Gruppenmoral mit Anweisungen zum Völkermord, zur Versklavung anderer Gruppen und zur Weltherrschaft. Böse ist die Bibel aber nicht wegen ihrer Ziele und noch nicht einmal wegen der Verherrlichung von Mord, Grausamkeiten und Vergewaltigung. So etwas findet man in vielen antiken Werken, unter anderem in der Ilias, den altisländischen Sagas, den Sagen der alten Syrer und alten Inschriften der Maya. Aber niemand verkauft die Ilias als Fundament unserer Ethik. Genau hier liegt das Problem. Die Bibel wird als Leitfaden für die Lebensführung angepriesen und verkauft. Und sie ist bei Weitem der größte Weltbestseller aller Zeiten.

John Hartung, amerik. Philosoph (1947 -)

Die Bibel ist in großen Teilen nicht systematisch böse, sondern einfach nur grotesk. Nichts anderes erwartet man von einer chaotisch zusammengestoppelten Anthologie zusammenhangloser Schriften, die von Hunderten anonymer Autoren, Herausgebern und Kopisten verfasst, umgearbeitet, übersetzt, verfälscht und „verbessert" wurden, von Personen, die wir nicht kennen, die sich meist auch untereinander nicht kannten und deren Lebenszeiten sich über neun Jahrhunderte erstrecken.

Richard Dawkins, brit. Evolutionsbiologe (1941 -)

Die Bibel ist wahrscheinlich das völkermörderischste Buch, das je geschrieben wurde.

Noam Chomsky, amerik. Philosoph (1928 -)

Die Bibel sagt, wir sollten wie Gott sein, und beschreibt ihn dann Seite für Seite als einen Massenmörder.

Robert A. Wilson, amerik. Schriftsteller (1932 - 2007)

Die Bibel – und zwar nicht nur das Alte, sondern auch das Neue Testament – ist in zentralen Teilen ein gewalttätig-inhumanes Buch, als Grundlage einer heute verantwortbaren Ethik ungeeignet.

Franz Buggle, dt. Psychologe (1933 - 2011)

Die biblischen Schriften in ihrem Gottes- und Menschenbild sind mit humanen und freiheitlichen Grundsätzen nicht zur Deckung zu bringen. Das vermeintlich positive Bild der Bibel rührt vor allem daher, dass sie nur bruchstückhaft zur Kenntnis genommen wird. Den Gläubigen wird von den Kirchen eine entschärfte Version angeboten, eine Textauswahl, die nur die Stellen den Gläubigen meint anbieten zu können, die gut verdaulich sind. Ein saftiger Braten wird wegen seiner Gemüsedekoration den Gläubigen so als vegetarisches Gericht verkauft.

Heinz Werner Kubitza, dt. Theologe (1961 -)

Die einzige Zügelung, die uns Gott im Hinblick auf Sklaven auferlegt, lautet: Wir sollen sie nicht so heftig schlagen, dass ihnen ein Auge oder Zahn verloren geht.

Sam Harris, amerik. Schriftsteller (1967 -)

Die Evangelisten zeigen nicht Jesus, wie er gewesen ist, sondern, so führt auch der Theologe Jülicher aus, „wie die Gläubigen ihn brauchten".

Karlheinz Deschner, dt. Schriftsteller (1924 - 2014)

Die Fälschungen beginnen in neutestamentlicher Zeit und haben nie aufgehört.

Carl Schneider, dt. Theologe (1900 - 1977)

Die frühen Väter des Glaubens [...] lebten in einer Zeit bodenloser Unwissenheit und Angst.

Christopher Hitchens, amerik. Autor (1949 - 2011)

Die Kirche lebt davon, daß die Ergebnisse der wissenschaftlichen Leben-Jesu-Forschung in ihr nicht publik sind.

Hans Conzelmann, evang. Theologe (1915 - 1989)

Die Laien dürfen die Bücher des Alten und Neuen Testamentes nicht besitzen.

Synode von Toulouse, 1229

Die Lehren der Bibel sind so verworren und in sich widersprüchlich, dass sie es Christen über fünf lange Jahrhunderte hinweg ermöglichten, glücklich und zufrieden Ketzer lebendigen Leibes zu verbrennen.

Sam Harris, amerik. Schriftsteller (1967 -)

Die Passion des biblischen Jesus entspricht nicht der wirklichen Geschichte, sondern wurde aus dem Alten Testament zusammenfabuliert.

Karlheinz Deschner, dt. Schriftsteller (1924 - 2014)

Die Texte der vier Evangelisten im Neuen Testament gehen – anders als die Namen Matthäus und Johannes vermuten lassen könnten – nicht auf die Apostel von Jesus als Augenzeugen zurück, sondern sind später verfasste, phantasievolle Erzählungen, fast ohne jede konkrete nachweisbare geschichtliche Basis.

Uwe Lehnert, dt. Bildungsinformatiker (1935 -)

[Die Verfasser der Bibel konnten] nur auf den begrenzten Wissensstand einer archaischen Hirtenkultur zurückgreifen.

Michael Schmidt-Salomon, dt. Philosoph (1967 -)

Dies ist der Gipfel des Monströsen und Lächerlichen, Gott als einen kleinlichen, unsinnigen und barbarischen Despoten zu verkünden, der einigen seiner Favoriten heimlich ein unverständliches Gesetz mitteilt und die übrigen des Volkes umbringt, weil sie dieses Gesetz nicht gekannt haben.

Voltaire, franz. Philosoph (1694 - 1778)

Dieser biblische Gott hat nicht nur Gefallen an (Angriffs-) Kriegen, ordnet sie selbst an und führt sie im Grunde selbst, sondern propagiert und ordnet ausdrücklich die inhumanste Extremvariante des Krieges, den Genozid, die wahllose, ausnahmslose Hinschlachtung nicht nur der besiegten Männer, sondern auch von Kindern, Frauen und Greisen an.

Franz Buggle, dt. Psychologe (1933 - 2011)

Dieses Buch ist nicht nur von Rachegeist erfüllt, von Aberglauben beseelt, es ist auch von Unrecht und Unzucht geschwängert! Die ganze israelitische Geschichte ist voll furchtbarer Rohheiten, voll mannigfacher Schandtaten oder [...] Hurerei. Fort aus den Schulen mit einem Buche, das die Herzen und die Phantasie unserer Jugend mit solchen Mord- und Schandbildern auszustatten vermag.

Albert Dulk, dt. Freidenker (1819 - 1884)

Ein humanes Gottesbild ist nur bei Inkonsequenz und unredlicher Verdrängung der in diesem Punkte sehr klaren biblischen Aussagen möglich.

Franz Buggle, dt. Psychologe (1933 - 2011)

Eine Schrift, die den Anspruch erhebt, eben nicht nur menschlichen Ursprungs, sondern (gar in „allen ihren Teilen") göttlich inspirierter Basistext und letzte Leitlinie und Instanz ethischen und religiösen Denkens und Handelns zu sein, darf nicht in diesem großen Ausmaß exzessiv inhuman-archaische Projektionen, Modelle, Leitbilder enthalten.

Franz Buggle, dt. Psychologe (1933 - 2011)

Eine Umfrage des Time Magazine aus dem Jahr 2002 ergab, dass 59 Prozent aller US-Amerikaner davon überzeugt sind, dass die in der Johannesoffenbarung beschriebenen Endzeit-Ereignisse dabei sind, sich zu realisieren.

Michael Schmidt-Salomon, dt. Philosoph (1967 -)

Einen Gott, der Eroberungskriege inklusive der ausdrücklich angeordneten Hinschlachtung von Kindern, Frauen und Greisen befiehlt, der eine inhuman grausame Blutjustiz immer wieder eindringlich fordert und die extrem grausame Hinrichtung seines eigenen Sohnes als Sühneopfer ausdrücklich wünscht, der Teilgruppen und Minderheiten wie etwa Frauen und Sklaven diskriminiert, der die Ausrottung Andersgläubiger befiehlt, Geisteskrankheit auf Besessenheit zurückführt oder ewige (!) Höllenstrafen androht, einen solchen Gott, auch wenn er, extrem widersprüchlich, an anderer Stelle Nächstenliebe, ja sogar Wehrlosigkeit fordert [...], scheint (mir) schwer zu rechtfertigen.

Franz Buggle, dt. Psychologe (1933 - 2011)

Erschreckend für eine „heilige" Schrift, für die heute noch göttliche Inspiration und letztinstanzliche ethische Verbindlichkeit beansprucht wird, die als Quelle sittlicher Normen und Verhaltensleitbilder wie kein Buch sonst verbreitet wird, erscheint nicht nur die Vielzahl der Sachverhalte, die mit der Todesstrafe belegt werden, sondern auch die immer wieder zu spürende Einstellung eines unversöhnlich-unbarmherzigen und exzessiven Strafbedürfnisses, im Rahmen dessen diese Sanktionen gefordert und vollzogen werden.

Franz Buggle, dt. Psychologe (1933 - 2011)

Es bedarf keines Wortes, daß sich Jesus in der Erwartung des nahen Weltendes getäuscht hat.

Rudolf Bultmann, evang. Theologe (1884 - 1976)

Es gab keine Flucht aus Ägypten, keine Wanderung durch die Wüste – geschweige denn eine, die vier Jahrzehnte dauerte [...], und auch keine dramatische Inbesitznahme des Heiligen Landes. Das alles wurde kurzerhand und durchaus unbeholfen erheblich später erfunden.

Christopher Hitchens, amerik. Autor (1949 - 2011), zu israelischen archäologischen Forschungsergebnissen

Es gibt keinen einzigen christlichen Gedanken [...], der nicht schon vor Jesus in der „heidnischen" oder jüdischen Literatur nachweisbar wäre.

Karl Kautsky, dt.-tschech. Philosoph (1854 - 1938)

[Es lässt] sich im Einzelnen zeigen, daß die Bibel zu den dringendsten heutigen Weltproblemen, wie Aufrüstung und Kriegsgefahr [...] atomaren Gefahren [...], Bevölkerungsexplosion [...], Hunger, Unterernährung und Umweltproblemen, keine oder gefährlich falsche Handlungsanweisungen gibt, die teilweise angesichts der Nöte, Probleme oder Katastrophen gerade der Dritten Welt im besten Falle naiv egozentrisch, im schlimmsten zumindest objektiv zynisch klingen müssen.

Franz Buggle, dt. Psychologe (1933 - 2011)

Es sind keineswegs die Teile, die ich nicht verstehe, die mich an der Bibel stören, sondern die Teile, die ich verstehe.

Mark Twain, amerik. Schriftsteller (1835 - 1910)

Es werden wohl noch zehntausend Jahre ins Land gehen, und das Märchen von Jesus Christus wird immer noch dafür sorgen, dass keiner so richtig zu Verstande kommt.
Johann Wolfgang v. Goethe, dt. Dichter (1749 - 1832)

Haben diejenigen, die uns die Bibel als Anregung zur moralischen Rechtschaffenheit empfehlen, eigentlich die geringste Ahnung davon, was darin tatsächlich geschrieben steht?
Richard Dawkins, brit. Evolutionsbiologe (1941 -)

Ich bin nicht gekommen, Frieden zu senden, sondern das Schwert.
Jesus im Matthäusevangelium

Ich habe gestern Abend das Buch Hiob gelesen. Ich habe nicht den Eindruck, dass Gott da sonderlich gut wegkommt.
Virginia Woolf, brit. Schriftstellerin (1882 - 1941)

[Ich habe] selten in einem Buch ein so großes Ausmaß an latentem und offenen Verlangen nach Gewalttätigkeit, nach unversöhnlicher Rache und Bestrafung, eingebettet in die Gesinnung einer – für mich kaum noch erträglichen – Selbstgerechtigkeit angetroffen, die psychologisch völlig undifferenziert zwischen eigener Tugend und Gottgefälligkeit und abgründiger Verruchtheit des jeweils anderen, des „Frevlers" usw., unterscheidet.
Franz Buggle, dt. Psychologe (1933 - 2011), zu den Psalmen

Ich kann nur den Kopf darüber schütteln, dass Menschen ihr Leben noch heute auf ein derart widerwärtiges Vorbild wie Jahwe stützen – und, was noch schlimmer ist, dass sie rechthaberisch versuchen, dieses böse Ungeheuer (ob echt oder erfunden) auch uns anderen aufzuzwingen.

Richard Dawkins, brit. Evolutionsbiologe (1941 -)

Im Gegenzug führte der „Fundamentalist mit anderen Mitteln", George W. Bush, die Welt in einen verheerenden „Kreuzzug" gegen „den Terror" und die „Achse des Bösen", wobei er sich einer Technologie bediente, die niemals entwickelt worden wäre, wenn sich die Wissenschaftler mit dem Kinderglauben des amerikanischen Präsidenten zufrieden gegeben hätten, dass der Schöpfungsbericht der Bibel wahr sei.

Michael Schmidt-Salomon, dt. Philosoph (1967 -)

In der Bibel treffen wir stets auf einen weisen Gott, der sich wie ein Unsinniger gebärdet, der sein eigenes Werk zerstört, um es wiederherzustellen, der das bereut, was er getan hat, der so handelt, als habe er nichts vorausgesehen, der gezwungen ist, all das zuzulassen, was seine Allmacht doch verhindern konnte.

Paul Thiry D'Holbach, franz. Philosoph (1723 - 1789)

In Wirklichkeit haben wir keine einzige sichere biographische Notiz über Jesu Geburtsjahr. [...] So ist Jesus, was die konkreten Daten seiner Geburt betrifft, nahezu wie ein Phantom in die Geschichte eingetreten und, da wir auch sein Todesjahr nicht kennen, in der gleichen Undeutlichkeit wieder aus der Geschichte herausgegangen.

Uta Ranke-Heinemann, dt. Theologin (1927 -)

In Zeiten blinden und unwissenden Glaubens hat die Kirche festgesetzt, daß die Schriften, besonders die des Neuen Testaments, vollständig als authentisch und wahrhaftig zu gelten haben. Heute kann sie daher nicht mehr umkehren. Die Ergebnisse der modernen Wissenschaft müssen abgelehnt, als falsch bewiesen werden. Andererseits müssen die irrigen Entscheidungen der Kirche als wahr bewiesen werden. Deshalb muss man glauben, dass schwarz weiß ist.

Alighiero Tondi, ehemals Jesuit und Professor an der päpstlichen Universität (1908 - 1984)

Jahwe hat nichts diktiert, schon gar nicht in einer Schrift, die zur Zeit von Moses gar nicht existierte. Keiner der Evangelisten hat den berühmten Jesus persönlich gekannt. Der Kanon des Alten und Neuen Testaments geht auf politische Entscheidungen zurück, die erst viel später getroffen worden sind.

Michael Onfray, franz. Philosoph (1959 -)

Jeder, der seinem Bruder auch nur zürnt, soll dem Gericht verfallen; und wer zu seinem Bruder sagt: Du Dummkopf!, soll vor den Hohen Rat kommen; wer aber zu ihm sagt: Du Narr, soll dem Feuer der Hölle verfallen.

Jesus im Matthäusevangelium

Jesus führt [...] eine für das Neue Testament spezifische Strafvorstellung ein, nämlich von der ewigen Höllenstrafe, eine Strafandrohung, deren unheilvolle, psychisch verheerende Wirkung in der Geschichte des Christentums auf unzählige Menschen gar nicht übertrieben werden kann. Man versuche, sich von aller Gewöhnung durch religiöse Erziehung einmal frei und sich klarzumachen, was eine Drohung mit ewig dauernden extremen Qualen psychologisch bedeutet; dagegen verblassen alle sonst bekannten Folterungen und Strafen, weil diese immerhin zeitlich endlich sind.

Franz Buggle, dt. Psychologe (1933 - 2011)

Jude, Christ oder Muslim – jeder schöpft nach seinem Belieben aus der Thora, den Evangelien oder dem Koran und findet dort nach Bedarf, was er braucht, um Schwarz und Weiß, Tag und Nacht, Tugend und Laster rechtfertigen zu können. [...] Jeder findet in den Texten, was er sucht, und zwar reichlich. Aber mit jedem Spruch aus diesem Durcheinander von Texten kann man auch das genaue Gegenteil begründen.

Michael Onfray, franz. Philosoph (1959 -)

Kein Buch des Mose stammt von Mose, kein Psalm Davids von David, kein Spruch Salomos von Salomo, keine Vision Daniels von Daniel, die allerwenigsten Prophetenworte von den Propheten, unter deren Namen die Bücher überliefert sind. Es gab keinen Exodus aus Ägypten, keine Sinaioffenbarung und keine Übergabe der Zehn Gebote. Abraham, Isaak, Mose und Josua sind bloße Namen, Jericho wurde nie erobert.

Gerd Lüdemann, evang. Theologe (1946 -)

Kein noch so verkommenes Subjekt unserer Spezies hat jemals derartig weitreichende Verbrechen begangen, wie sie vom Gott der Bibel berichtet werden!

Michael Schmidt-Salomon, dt. Philosoph (1967 -)

Liest man die Psalmen unbefangen und läßt die in ihnen in weiten Teilen zum Ausdruck kommende Gesinnung unkontrolliert primitiven, rachsüchtigen Hasses und egozentrischer Selbstgerechtigkeit unverstellt von theologischen Um- und Wegdeutungsversuchen auf sich wirken, macht man sich dann die allgemeine Akzeptanz, ja fast „weihevolle" Verehrung gerade dieses Teiles der Bibel bewußt, so wird auch gerade hier wieder besonders erschütternd deutlich, welche unglaublichen Wirkungen [...] (früh)kindliche Indoktrination [...] auf menschliches Denken ausüben kann.

Franz Buggle, dt. Psychologe (1933 - 2011)

Lüge bleibt Lüge, auch wenn sie in der Bibel steht.

Gerd Lüdemann, evang. Theologe (1946 -)

Man kann es den Verfassern der hebräischen Bibel, die vom 6. bis zum 2. Jahrhundert vor unserer Zeitrechnung an diesem heterogenen Werk arbeiteten, sicher nicht verdenken, dass sie ihre eigene Gruppe zum „auserwählten Volk" stilisierten, ihren Gott zum alleinigen Weltenherrscher erklärten und zur Unterstützung dieser Botschaft phantastische Geschichten erfanden (etwa der Auszug aus Ägypten oder die Eroberung Jerichos), die historisch nie stattgefunden haben.

Michael Schmidt-Salomon, dt. Philosoph (1967 -)

Nach Auskunft der gesamten kritischen Bibelwissenschaft sind die Evangelien keine zuverlässigen geschichtlichen Grundlagen, sondern bereits beträchtlich weiterentwickelte, aus gläubigem Überschwang entstandene mythologische Literaturprodukte, religiöse Erbauungs- und Missionsvorschriften, die nicht nur die Christen in ihrem Glauben stärken, sondern auch neue Anhänger gewinnen wollen. An historischer Realität in unserem Sinn hatten ihre Verfasser überhaupt kein Interesse.

Karlheinz Deschner, dt. Schriftsteller (1924 - 2014)

Nirgends gab es so viele Fälschungen wie im Bereich der Religion, und den größten Umfang nehmen sie womöglich im Christentum ein.

Karlheinz Deschner, dt. Schriftsteller (1924 - 2014)

Noch heute gibt es weltweit Abermillionen gläubiger Juden, Christen und Muslime, die die biblischen Legenden mit einem historischen Tatsachenbericht verwechseln. Man denke nur an die 120 Millionen bibeltreuer US-Amerikaner, die felsenfest davon überzeugt sind, dass das Universum zu einem Zeitpunkt entstanden sei, als die Mesopotamier schon das erste Bier brauten.

Michael Schmidt-Salomon, dt. Philosoph (1967 -)

So heißt es im Alten Testament zwar: „Du sollst nicht morden" und „Du sollst nicht stehlen", doch wenige Zeilen später wird klar, dass solch noble Verhaltensweisen nur gegenüber den fest integrierten Mitgliedern der eigenen Gruppe gefordert sind.

Michael Schmidt-Salomon, dt. Philosoph (1967 -)

Tatsächlich scheint das heute noch bestehende hohe Ansehen der Bibel außer auf den durch Angstinduktion gestützten psychologischen Strategien frühkindlicher Indoktrination auf einer

hochselektiven, einseitigen Darbietung positiver Bibelstellen zu beruhen.
Franz Buggle, dt. Psychologe (1933 - 2011)

Überall sind Gegensätze und Widersprüche [...] Die einen sagen: Gültig ist „was in allen Kirchen gelesen wird", die anderen: „was von den Aposteln stammt", die dritten unterscheiden sympathischen oder unsympathischen Lehrgehalt.
Carl Schneider, dt. Theologe (1900 - 1977)

Viele Aussagen des Vierten Evangelisten [Johannes] sind völlig unvereinbar mit den Synoptikern [die ersten drei Evangelisten].
Karlheinz Deschner, dt. Schriftsteller (1924 - 2014)

Wäre Gott ein real existierendes Faktum und nicht bloß ein Phantom, dann wäre er der Grund, der Auslöser und der Hauptverantwortliche für die größten und abscheulichsten Verbrechen, die jemals auf dieser Welt begangen wurden, was die Bibel stolz bezeugt. Was gibt es da zu preisen?
Helge Nyncke, dt. Illustrator u. Autor (1956 -)

Warum sagt die Bibel nichts über Elektrizität oder über die DNA, oder über das tatsächliche Alter und die tatsächliche Größe des Universums? Und wie wäre es mit einer Heilmethode für Krebs?
Sam Harris, amerik. Schriftsteller (1967 -)

Was ist das überhaupt für ein Gott, der nicht genug blutige Opfer bekommen kann? [...] Der an den Kindern die Missetat heimsuchen will bis ins vierte und siebte Glied? Der 70.000 Jerusalemiten durch die Pest dahinrafft, nur um David zu strafen?

Karlheinz Deschner, dt. Schriftsteller (1924 - 2014)

Was wir über Schule, Konfirmandenunterricht und Predigt an Bibeltexten kennengelernt haben, stellte eine hochselektive Auswahl dar und vermittelte jenes verklärende, gläubig stimmendes Bibelbild, das viele von uns als vermeintlichen geistlichen Schatz mit sich herumtragen.

Uwe Lehnert, dt. Bildungsinformatiker (1935 -)

Weiter erschwert wird die Sache dadurch, dass der Allmächtige sich ausschließlich ungebildeten und pseudohistorischen Personen in abgelegenen Gegenden des Nahen Ostens offenbarte, die lange Zeit Heimstatt der Götzenverehrung und des Aberglaubens und in vielen Fällen bereits mit vorhandenen Prophezeiungen gepflastert waren.

Christopher Hitchens, amerik. Autor (1949 - 2011), über göttliche Offenbarungen

Wenn die Bibel beweist, dass Gott existiert, dann beweisen Comicbücher die Existenz von Superman & Co.

unbekannt

[Wenn die Bibel tatsächlich ein prophetisches Produkt eines Allwissenden wäre, könnte man] zum Beispiel davon ausgehen, dass sie unbedingt die folgende Passage enthalten würde: „In der zweiten Hälfte des 20. Jahrhunderts wird die Menschheit nach Regeln, wie ich sie in Levitikus darlegte, ein globales Computernetzwerk entwickeln, das den Namen Internet erhält." Derartiges findet sich nicht in der Bibel. Tatsächlich steht in ihr kein einziger Satz, der nicht von jedem Mann und jeder Frau im 1. Jahrhundert hätte geschrieben werden können.

Sam Harris, amerik. Schriftsteller (1967 -)

Wenn die biblischen Verfasser erlebten, wie ängstlich wir mit jedem ihrer Wörter, ja Buchstaben und Satzzeichen umgehen, sie würden sich über uns, wenn sie's vermöchten, in ihren Gräbern noch einmal totlachen.

Heinz Zahrnt, evang. Theologe (1915 - 2003)

Wenn man von einer Figur, die wahrscheinlich nie existiert hat, über Jahrhunderte hinweg detaillierte Geschichten erzählt, entwickelt sich daraus eine Mythologie, der unzählige Gruppen, Staaten, Nationen, Weltreiche, ja sogar ein ganzer Planet Opfer darbringen. Durch das ständige Wiederholen von Fiktionen erschaffen die Evangelisten eine Wahrheit.

Michael Onfray, franz. Philosoph (1959 -)

Wer aber nicht glaubt, der wird verdammt werden.

Jesus im Markusevangelium

Wer nicht in mir bleibt, der wird weggeworfen wie eine Rebe und verdorrt. Und man sammelt sie und wirft sie ins Feuer, und sie müssen brennen.

Jesus im Markusevangelium

Wie ernst darf man es eigentlich heute noch nehmen, wenn der Originalton eines Dialogs zwischen Gott und Moses wiedergegeben und dem Leser suggeriert wird, die Verfasser all dieser in Wahrheit höchst umstrittenen Texte hätten als Protokollanten danebengestanden?

Peter Henkel, dt. Philosoph u. Journalist (1942 -)

Wie kann man heute noch, und dies gilt für die Bibel insgesamt, die vor mehreren tausend Jahren in den Himmel projizierte zu einem guten Teil archaisch-inhumane Verfassung damaliger Menschen als göttlich-verbindliche Inhalte „zurückholen" und sie dadurch verstärken und stabilisieren?

Franz Buggle, dt. Psychologe (1933 - 2011)

Wie kann man vernünftigerweise Gott als Quelle, als Kommunikator einer Botschaft ansehen, die so schlecht bei ihrem Empfänger ankommt, daß über ihren Inhalt eine so chaotische Uneinigkeit besteht, daß seit der Frühzeit des Christentums bis heute die verschiedensten Kirchen und sonstigen konfessionellen Gruppen sich darüber streiten, was eigentlich mit dieser Botschaft gemeint sei.

Franz Buggle, dt. Psychologe (1933 - 2011)

4. Christentum und Kirche

Das Christentum ist mit über zwei Milliarden Anhängern die am weitesten verbreitete Religion auf unserem Planeten. Daher beziehen sich die meisten der hier abgedruckten Zitate auf sie und die mit ihr verbundene Institution der Kirche.

Die meisten Christen sind wohl der naiven Meinung, dass ihr Glaube auf der wahren Lehre Jesu beruht. Dass aber praktisch alle wesentlichen christlichen Glaubenselemente aus anderen, viel älteren Kulten wie z. B. dem Mithraismus stammen sowie mehr oder weniger willkürlich bzw. aus politischen Machtinteressen im Laufe der Jahrhunderte mal in den Glaubenskanon aufgenommen, ein anderes Mal strikt abgelehnt wurde, realisiert der Gläubige nicht. Vergleicht man den Zustand der Urkirche mit der Kirche heute, könnten die Verhältnisse kaum unterschiedlicher sein. Jesus – falls er je gelebt hat (was die unabhängige Forschung keinesfalls als gesichert ansieht) – würde sich angesichts der Kirche unserer Zeit verwundert die Augen reiben.

Betrachtet man die Geschichte vorbehaltlos – wie beispielsweise Karlheinz Deschner in „Abermals krähte der Hahn" – so stellt man eine enorme Diskrepanz fest zwischen dem überheblichen Selbstverständnis der heutigen Kirche einerseits und den millionenfachen fürchterlichen Verbrechen in den zurückliegenden Jahrhunderten andererseits, die einzig und allein auf das Konto dieser Religionsgemeinschaft gehen.

Legt man Jesus' eigenen Maßstab an („An ihren Früchten sollt ihr sie erkennen", Matthäus-Evangelium), dann fällt die Bilanz für das Christentum vernichtend aus.

All die bluttriefenden Henker, welche im Mittelalter aufs grausamste gegen die Ketzer gewütet haben, konnten sich auf die angesehene Autorität Augustins berufen – und sie haben es auch getan.

Walter Nigg, schweiz. Theologe (1903 - 1988)

Alles wurde verbrannt, Frauen und Männer, Katholiken und Protestanten, Idioten und Gelehrte, vierjährige Kinder und achtzigjährige Greisinnen, alles wurde wahllos und ohne Unterschied auf den Scheiterhaufen befördert und zu Asche verwandelt.

Walter Nigg, schweiz. Theologe (1903 - 1988)

Als dann die Stunde kam, in der Unser Herr Jesus Christus es zuließ, daß Er für uns den Kreuzestod erlitt, schlugen sich hitzig unsere auf dem Turm aufgestellten Ritter [...] Bald [...] flohen alle Verteidiger von den Mauern durch die Stadt, und die Unsrigen folgten ihnen und trieben sie vor sich her, sie tötend und niedersäbelnd, bis zum Tempel Salomons, wo es ein solches Blutbad gab, daß die Unsrigen bis zu den Knöcheln im Blut wateten [...] Bald durcheilten die Kreuzfahrer die ganze Stadt und rafften Gold, Silber, Pferde und Maulesel an sich; sie plünderten die Häuser, die mit Reichtümern überfüllt waren. Dann, glücklich und vor Freude weinend, gingen die Unsrigen hin, um das Grab Unseres Erlösers zu verehren [...] Am folgenden Tag erkletterten die Unsrigen das Dach des Tempels, griffen die Sarazenen, Männer und Frauen an, zogen das Schwert und schlugen ihnen die Köpfe ab.

Augenzeugenbericht der Eroberung Jerusalems durch die Kreuzritter am 15.7.1099

Als die Missionare hier eintrafen, hatten wir das Land und sie die Bibel. Dann brachten sie uns bei, mit geschlossenen Augen zu beten. Als wir unsere Augen wieder öffneten, hatten sie das Land und wir die Bibel.

Jomo Kenyatta, erster Präsident des unabhängigen Kenias (1893 - 1978)

Angesichts dessen, was in jüngster Zeit in modernen Großstädten ans Licht gekommen ist, schaudert es einen bei dem Gedanken, was wohl in den Jahrhunderten vor sich ging, als die Kirche noch über jede Kritik erhaben war.

Christopher Hitchens, amerik. Autor (1949 - 2011)

Bedenkt man, dass erst wenige Generationen vergangen sind, seit die Kirche darauf verzichtet, unschuldige Menschen vor den Augen ihrer Familien auszuweiden, alte Frauen auf öffentlichen Plätzen bei lebendigem Leib zu verbrennen und Gelehrte bis an die Grenzen des Wahnsinns zu foltern, nur weil sie Vermutungen über die Beschaffenheit der Sterne angestellt haben, nimmt es kaum Wunder, dass die Kirche den Gedanken, in Deutschland sei während der Kriegsjahre etwas gehörig schief gelaufen, gar nicht erst aufkommen ließ.

Sam Harris, amerik. Schriftsteller (1967)

Bedenkt man, wieviele Millionen Menschen lebendigen Leibes den Feuertod erleiden mussten, weil man bibeltreu glaubte, nur so ihre Seelen vor ewiger Höllenpein zu retten, dann ist die Person Jesu (bzw. die ihm zugesprochenen Worte) – man wagt es kaum auszusprechen, aber die Logik erzwingt es – Initiator für das größte Unheil, das der Menschheit – zumindest im Einzugsbereich des christlichen Glaubens – je zugefügt wurde.

Uwe Lehnert, dt. Bildungsinformatiker (1935 -)

Besser, daß hundert Unschuldige sterben, als daß ein Ketzer davonkommt.

Leitendes Prinzip der Inquisition

Christen versichern mir, dass sie ihre Feinde lieben. Ich würde dies nie von ihnen verlangen. Alles was ich mir ausbitte, ist, dass sie diejenigen, die anderer Meinung sind, in Ruhe lassen.

Robert G. Ingersoll, amerik. Politiker (1833 - 1899)

Christentum: Der Glaube, dass ein kosmischer Zombie dich ewig leben lassen kann, wenn du symbolisch seinen Körper verspeist und ihm telepathisch erzählst, dass du ihn als deinen Herrn akzeptierst, damit er eine böse Macht von deiner Seele entfernt, die der Menschheit auferlegt wurde, weil eine Rippen-Frau von einer sprechenden Schlage überzeugt wurde, von einem magischen Baum zu essen. Klingt alles sehr vernünftig.

unbekannt

Das Bestreben, die nichtchristlichen Bücher endgültig zu beseitigen, und das Verbot jeglichen unabhängigen Denkens führen zu einer intellektuellen Verkümmerung [...] Da die Bibel angeblich alles enthält, verhindert sie alles, was nicht in ihr steht. Über Jahrhunderte hinweg ist der Schaden beträchtlich.

Michael Onfray, franz. Philosoph (1959 -), über den Bücherindex der Inquisition

Das Christentum – Ein altes metaphysisches Märchen voller Wundergeschichten, Widersprüchen und Widersinn aus der glühenden Einbildungskraft des Orients entsprungen, hat sich über Europa verbreitet. Schwärmer haben es ins Volk getragen, Ehrgeizige sich zum Schein davon überzeugen lassen, Einfältige es geglaubt, und das Antlitz der Welt ist durch diesen Glauben verändert worden. Die heiligen Quacksalber, die diese Ware feilboten, haben sich zu Ansehen gebracht, sie sind Herrscher geworden, ja, es gab eine Zeit, wo sie Europa durch ihr Machtwort regierten. In ihrem Hirn entstand jener Priesterhochmut und jene Herrschsucht, die allen geistlichen Sekten zu eigen ist, wie ihr Name auch laute.

Friedrich II., preuß. König (1712 - 1786)

Das Christentum hat sich lange als alleinseligmachend verstanden. So wurden fremde Kulturen zerstört, bisweilen sogar unter dem falschen Gesichtspunkt der Barmherzigkeit. Man glaubte, man würde diesen Heiden, diesen Wilden, damit einen Gefallen tun. So hat man ihnen ihre Seele gestohlen, hat sie ökonomisch und kulturell überrollt.

Günter Wallraff, dt. Schriftsteller (1942 -)

Das Christentum ist nicht mehr der kulturelle Leim einer ganzen Gesellschaft, sondern nur noch ein Ferment darin. Ein Menschenrecht namens Religionsfreiheit hat sich durchgesetzt. Vom 17. bis zum 19. Jahrhundert ist es von Freigeistern, Aufklärern, Bürger- und Arbeitervereinen mühsam erkämpft worden – gegen erbitterten kirchlichen Widerstand. Seit aber die kirchliche Macht nicht mehr ausreicht, es zu verhindern, gehören die Kirchen zu denen, die es am lautesten für sich reklamieren. Wir wollen nur das Recht, unsern Glauben praktizieren zu dürfen wie jede andere Religionsgemeinschaft auch, beteuern sie. Doch wenn sie „Recht" sagen, meinen sie „Vorrecht". Eintreibung der Kirchensteuer durch den Staat, christlicher Religionsunterricht als reguläres Schulfach, konfessionsgebundene Theologie im gleichen wissenschaftlichen Rang an der Universität wie Physik, Mathematik oder Soziologie: all das, was in unserm Kulturkreis sämtlichen andern Glaubensgemeinschaften im Namen der Religionsfreiheit verwehrt wird und was die Großkirchen nur dürfen, weil sie es früher durften, als sie für das Menschenrecht der Religionsfreiheit noch der größte Hemmschuh waren, das soll ihnen selbstverständlich bleiben.

Christoph Türcke, dt. Theologe u. Philosoph (1948 -)

Das Christentum predigt nur Knechtschaft und Unterwerfung. Sein Geist ist der Tyrannei nur zu günstig, als dass sie nicht immer Gewinn daraus geschlagen hätte. Die wahren Christen sind zu Sklaven geschaffen.

Jean-Jacques Rousseau, franz.-schweiz. Philosoph (1712 – 1778)

Das Christentum unterscheidet sich von anderen Religionen durch seine größere Bereitschaft zu Verfolgungen.

Bertrand Russell, engl. Philosoph u. Mathematiker (1872 - 1970)

Dass Heilige nicht nur heldenhaft Glaubende und mutige Realisten waren, sondern mitunter auch bedauernswerte Psychopathen, weltfremde Idealisten oder „religiöse Überflieger", die durch Fasten, Hungern, Dürsten oder sexuelle Kasteiung dem Himmel näher sein wollten als ihre Mitbürger, nahm man nicht zur Kenntnis. Ebenso wenig wurde darüber nachgedacht, dass es Menschen mit ihren subjektiven Wahrnehmungen, Interessen und Absichten waren, die diese Glaubensvorbilder in den Heiligenkanon aufnahmen. Menschen urteilen darüber und bestimmen, wer heilig ist oder nicht.

Reinhold Miller, dt. Pädagoge u. Autor (1943 -)

Daß man ihre Synagogen oder Schulen mit Feuer anstecke, und was nicht verbrennen will, mit Erde überhäufe und beschütte,

daß kein Mensch einen Stein oder Schlacke davon sehe ewiglich. Und solches soll man tun unserem Herrn und der Christenheit zu Ehren, damit Gott sehe, daß wir Christen seien.
Martin Luther, dt. Reformator (1483 - 1546), über die Juden

Daß Paulus wie die ganze Urchristenheit geirrt hat, insofern die für die nächste Zeit erwartete Parusie [=Wiederkunft Jesu, Naherwartung des Jüngsten Gerichts] nicht eintrat, ist unleugbar.
H. J. Schoeps, dt.-jüd. Religionshistoriker (1909 - 1980)

Der Christ hält das Christentum für etwas, das es nie war: für die Lehre Jesu.
Karlheinz Deschner, dt. Schriftsteller (1924 - 2014)

Der christliche Glaube beruht fast ganz darauf, zwei Dinge klar zu wissen: die Verderbnis der menschlichen Natur und die Erlösung durch Jesus Christus,
Blaise Pascal, franz. Mathematiker u. kath. Philosoph (1623 - 1662)

Der einzige Christ starb am Kreuz!
Friedrich Nietzsche, dt. Philosoph (1844 - 1900)

Der einzige Grund, weshalb Hitler und Stalin mehr Menschen getötet haben als die Inquisition, ist, dass Torquemada [span. Großinquisitor] keine Maschinengewehre und Gaskammern zur Verfügung standen.
Michael Shermer, amerik. Wissenschaftshistoriker (1954 -)

„Der Gott, der Gott sterben lässt, um Gott zu besänftigen" ist ein vortreffliches Wort des Barons de la Hontan. Hundert Folianten, die für oder wider das Christentum geschrieben worden sind, ergeben eine geringere Evidenz als der Spott dieser zwei Zeilen.

Denis Diderot, franz. Philosoph u. Aufklärer (1713 - 1784)

Der Reichskanzler lebt ohne Zweifel im Glauben an Gott. Er anerkennt das Christentum als den Baumeister der abendländischen Kultur.

Kardinal Faulhaber (1869 - 1952), während des 3. Reiches über Adolf Hitler

Der römische Katholizismus als äußere Kirche, als ein Staat des Rechts und der Gewalt, hat mit dem Evangelium nichts zu tun, ja, widerspricht ihm grundsätzlich.

Adolf v. Harnack, dt. Theologe u. Kirchenhistoriker (1851 - 1930)

Die armen Frauen band man oft in nassen, kalten und völlig lichtlosen unterirdischen Verliesen auf Holzkreuze oder schmiedete sie im Freien an Mauern an. Sie waren Ratten, Mäusen oder jedem Wetter ausgesetzt, und die Jungen auch Vergewaltigungen durch Gefängniswärter und Geistliche. Es kam vor, [...] daß man „Hexen" mit ihren von der Folter zerschlagenen Gliedern im Hexenturm an Ketten in der Luft hängen, Frost und Hunger leiden und endlich durch langsames Feuer braten ließ.

Karlheinz Deschner, dt. Schriftsteller (1924 - 2014)

Die Heiden haben das Leben vergöttert, die Christen den Tod.

Anne Louise Germaine de Staël, franz. Schriftstellerin (1766 - 1817)

Die christliche Religion ist eine Parodie auf die Sonnenanbetung, in welcher sie eine Figur namens Christus an die Stelle der Sonne setzten und ihm jetzt die Verehrung zukommen lassen, die ursprünglich der Sonne galt.
Thomas Paine, amerik. Politiker u. Philosoph (1737 - 1809)

Die christlichen Kirchen und Religionsgemeinschaften bestehen nur deswegen angesichts all dieser schreienden Widersprüche zur Verkündigung eines gleichzeitig allmächtigen, allwissenden und unendlich liebevollen und gütigen Gottes weiter, weil die Vorstellungskraft der meisten Menschen zu schwach [...] ist, sich das ganze Ausmaß dieser Leiden und Greuel [Hexenverfolgung usw.] anschaulich vorzustellen.
Franz Buggle, dt. Psychologe (1933 - 2011)

Die ganze Geschichte des Papsttums, wie sie durch Tausende von zuverlässigen Quellen und von handgreiflichen historischen Dokumenten unwiderleglich festgenagelt ist, erscheint für den unbefangenen Kenner als ein gewissensloses Gewebe von Lug und Trug, als ein rücksichtsloses Streben nach absoluter geistlicher Herrschaft und weltlicher Macht, als eine frivole Verleugnung aller der hohen sittlichen Gebote, welche das wahre Christentum predigt: Menschenliebe und Duldung, Wahrheit und Keuschheit, Armut und Entsagung. Wenn man die lange Reihe der Päpste und der römischen Kirchenfürsten, aus denen sie gewählt wurden, nach dem Maßstabe der reinen christlichen Moral mustert, ergibt sich klar, dass die große Mehrzahl derselben schamlose Gaukler und Betrüger waren, viele von ihnen nichtswürdige Verbrecher. Diese allbekannten historischen Tatsachen hindern aber nicht, dass noch heute Millionen von „gebildeten" gläubigen Katholiken an die „Un-

fehlbarkeit" dieses „Heiligen Vaters" glauben, die er sich selbst zugesprochen hat.
Ernst Haeckel, dt. Naturforscher u. Philosoph (1834 - 1919)

Die Geschichte der heute vorherrschenden Religionen und insbesondere die Geschichte des Christentums ist eine fortwährende Orgie der Selbstkasteiung, der Sünde und Strafe, der Verdammung und Verfolgung von Sexualität und natürlicher Triebentfaltung, Selbstverwirklichung und Lebensfreude, die niemals im Diesseits Erfüllung finden, sondern die erst im Jenseits auf Erlösung hoffen darf und sich dafür lebenslang ersatzweise in sinnleeren wirklichkeitsfernen Ritualen auszutoben und zu erschöpfen hat.
Helge Nyncke, dt. Illustrator u. Autor (1956 -)

Die Geschichte kann es bezeugen: Die Zahl der Todesopfer geht im Laufe der Jahrhunderte und über alle Kontinente hinweg in die Millionen. Die Täter morden im Namen Gottes, die Bibel in der einen, das Schwert in der anderen Hand: die Inquisition mitsamt ihren Folter- und Verhörmethoden; die Kreuzzüge mit ihren Massakern, Raubzügen, Gewaltverbrechen und gezielten Ausrottungen; die Misshandlungen der Schwarzen, deren Demütigung und Ausbeutung und der Handel mit Männern, Frauen und Kindern; die Völker- und Massenmorde der christlichen Eroberer und – in allerjüngster Vergangenheit – des die mordenden Hutu unterstützenden ruandischen Klerus; die Freundschaftsdienste für sämtliche faschistischen Systeme des 20. Jahrhunderts – Mussolini, Pétain, Franco, Hitler, Pinochet, Salazar, die griechische Militärjunta, die südamerikanischen Diktatoren usw. Millionen von Menschenleben, die der Nächstenliebe zum Opfer fielen.
Michael Onfray, franz. Philosoph (1959 -)

114

Die Hauptmacht der Kirche war ihre Kontrolle über die Schuldgefühle, dies gelingt nicht mehr.
Eugen Drewermann, dt. Theologe (1940 -)

Die Heilige Römische Kirche [...] glaubt fest, bekennt und verkündet, dass niemand außerhalb der katholischen Kirche, weder Heide noch Jude, noch Ungläubiger oder in von der Einheit Getrennter des ewigen Lebens teilhaftig wird, vielmehr dem ewigen Feuer verfällt, das dem Teufel und seinen Engeln bereitet ist, wenn er sich nicht vor dem Tod [der katholischen Kirche] anschließt. Mag einer noch so viele Almosen geben, ja selbst sein Blut für den Namen Christi vergießen, so kann er doch nicht gerettet werden, wenn er nicht im Schoß und in der Einheit der katholischen Kirche bleibt.
Cyprian, Bischof von Karthago (um 200 - 258)

Die Idee der Sünde entstammt der Bibel. Das Christentum ist daher nur ein Heilmittel gegen eine Krankheit, die sie selbst geschaffen hat. Würden sie jemandem dankbar sein, der sie mit einem Messer stechen würde, um ihnen ein Pflaster verkaufen zu können?
Dan Barker, amerik. Aktivist (1949 -)

Die in vielerlei Hinsicht intellektuell gefährdete Gattung Homo sapiens hat sicherlich einiges an Unsinn fabriziert, die christliche Erlösungssaga aber setzt dem schier unerschöpflichen Arsenal hominiden Schwachsinns zweifellos die Krone auf.
Michael Schmidt-Salomon, dt. Philosoph (1967 -)

Die katholische Kirche hat sich nie davon erholt, dass sie das mystifizierende lateinische Ritual aufgab.

Christopher Hitchens, amerik. Autor (1949 - 2011)

Die Kirche ist dessen schuldig, was sie den anderen vorwirft, sie hat gestohlen; es ist das alte Lied: Haltet den Dieb! Das ist die Taktik, wenn man die Verfolger von sich ablenken will, während man doch selber der eigentliche Dieb ist.

Hermann Raschke, dt. Theologe (1888 - 1970)

Die Macht der Geistlichkeit gründet sich auf die Meinung und Leichtgläubigkeit der Völker. Man kläre die letzteren auf, und der Zauber hat ein Ende.

Friedrich II., preuß. König (1712 - 1786)

Die Menschenrechte sind in aller erster Linie der Aufklärung zu verdanken und wurden gegen die Macht der Kirche und ihrer fast immer rückwärtsgewandten Vertreter mühsamst erkämpft. (Ich erinnere daran, dass die katholische Kirche nach wie vor an der Todesstrafe festhält! Auch die Europäische Menschenrechtskonvention hat der Vatikan bis heute nicht unterzeichnet!)

Uwe Lehnert, dt. Bildungsinformatiker (1935 -)

Die Mutter Kirche hemmt ihre Kinder beim Wachstum. Der Lebensalltag jedoch fordert erwachsene Menschen.

Reinhold Miller, dt. Pädagoge u. Autor (1943 -)

Die nationalsozialistische deutsche Führung hat mit zahlreichen Dokumenten unwiderleglich bewiesen, daß dieser Krieg in seinen weltweiten Ausmaßen von den Juden angezettelt worden ist. Sie hat deshalb im Inneren wie nach außen die zur Sicherung des deutschen Lebens notwendigen Entscheidungen und Maßnahmen gegen das Judentum getroffen.

Bekanntmachung der evangelischen Kirchenführer vom 17.12.1941

Die offizielle Kirche hat bei allen aktuellen Fragen der Zeit immer versagt.

Heinrich Gruber, evang. Theologe (1891 - 1975)

Die Opfer des kirchlichen Hexenwahnes veranschlagt man auf neun Millionen.

Karlheinz Deschner, dt. Schriftsteller (1924 - 2014)

Die Religion der Liebe, die christliche, ist seit mehr als achtzehn Jahrhunderten gegen alle Andersdenkenden eine Religion des Hasses, der Verfolgung, der Unterdrückung gewesen. Keine Religion der Welt hat der Menschheit mehr Blut und Tränen gekostet als die christliche, keine hat mehr zu Verbrechen der scheußlichsten Art Veranlassung gegeben; und wenn es sich um Krieg und Massenmord handelt, sind die Priester aller christlichen Konfessionen noch heute bereit, ihren Segen zu geben, und hebt die Priesterschaft der einen Nation gegen die feindlich ihr gegenüberstehende Nation flehend die Hände um Vernichtung des Gegners zu einem und demselben Gott, dem Gott der Liebe, empor.

August Bebel, dt. Politiker (1840 - 1913)

Die römisch-katholische Kirche zeichnet sich durch die Zerstörung fremder Kulturen aus. Sie erfindet den Völkermord. Das Jahr 1492 steht nicht nur für die Entdeckung der Neuen Welt, sondern auch für die Zerstörung anderer Welten. Das christliche Europa vernichtet eine ganze Reihe indianischer Kulturen.
Michael Onfray, franz. Philosoph (1959 -)

Die Ungereimtheiten des Neuen Testamentes füllen bereits viele Bücher herausragender Gelehrter und wurden [...] noch von keiner christlichen Autorität hinreichend erklärt. Das liegt daran, dass die Kirche bis vor kurzem jeden unbequemen Frager einfach verbrennen oder anderweitig zum Schweigen bringen konnte.
Christopher Hitchens, amerik. Autor (1949 - 2011)

Die vielfältigen sozialen Leistungen, die ungerechtfertigterweise der Kirche zugeschrieben werden, werden fast vollständig aus allgemeinen (!) Steuermitteln, die die Kirche vom Staat dafür erhält, finanziert!
Uwe Lehnert, dt. Bildungsinformatiker (1935 -)

Die Willensfreiheit musste um des christlichen Glaubens willen erfunden werden, sie ist [...] eine Illusion.
Uwe Lehnert, dt. Bildungsinformatiker (1935 -)

Die Zahl der christlichen Märtyrer war in Wirklichkeit so gering, daß man hinterher eifrig neue erfand, die überdies viel heroischer und herausfordernder litten und starben als die demütigen echten Zeugen.
Karlheinz Deschner, dt. Schriftsteller (1924 - 2014)

Durchgesetzt hat sich der Katholizismus jedoch nicht wegen seiner „Rechtgläubigkeit", sondern weil er sich durchsetzte, wurde er rechtgläubig. Er siegte, weil er am besten organisiert, im Konkurrenzkampf am brutalsten war. [...] Doch erst nachdem ihn Kaiser Konstantin im 4. Jahrhundert favorisiert hatte, schlug er alle seine christlichen Gegner durch Zerstörung ihrer Kirchen [...], Zwangstaufen und anderen ähnlichen Mittelchen nieder.

Karlheinz Deschner, dt. Schriftsteller (1924 - 2014)

Ein Blutstrom fließt durch achtzehn Jahrhunderte, und an seinen Ufern wohnt das Christentum.

Ludwig Börne, dt. Journalist u. Schriftsteller (1786 - 1837)

Ein halbes Jahrtausend, vom 13. bis ins 18. Jahrhundert, verbrannte die christliche Kirche Hexen.

Karlheinz Deschner, dt. Schriftsteller (1924 - 2014)

Ein Sieg über den Bolschewismus wäre gleichbedeutend mit dem Triumph der Lehren Jesu über die der Ungläubigen.

Die dt. kath. Bischöfe im Jahre 1942

Eine die biblische Weltsicht so weitgehend verdüsternde Vorstellung, das Leiden der Kreatur als Strafe für Sünden zu interpretieren [...] impliziert [...] ein so inhuman-zurückgebliebenes Gottesbild, daß man sich darüber jedes weitere Wort ersparen kann.

Franz Buggle, dt. Psychologe (1933 - 2011)

Einzig das Christentum hat das Folter- und Hinrichtungswerkzeug des Kreuzes zu seinem Symbol erhoben, das Wohn-, Schul-, Kranken- und Gerichtsräume „schmückt". [...] Das Christentum zog dann auch von Anfang an eine blutige Spur durch die Geschichte, wie keine andere Religion.

Ernst von Xylander, dt. Psychologe (1922 - 1998)

Es ist die Pflicht eines jeden Katholiken, Ketzer zu verfolgen.

Papst Gregor IX. (1167 - 1241)

Es ist eine Tatsache, dass niemals eine Verurteilung, niemals eine Exkommunizierung gegen das Regime Hitlers ausgesprochen worden ist, nicht einmal, als dieser und seine Partei in den Konzentrationslagern Millionen von Menschen umbrachten.

Alighiero Tondi, ehemals Jesuit und Professor an der päpstlichen Universität (1908 - 1984)

Es ist eine unbestrittene Wahrheit, dass die Päpste Jahrhunderte lang an der Spitze eines Mord- und Raubsystems gestanden haben, das mehr Menschenleben geschlachtet, als irgend ein Krieg oder eine Seuche „im Namen Gottes und Christi". Der Weg des Papsttums ist ein Weg des Grauens und Entsetzens. Rechts und links ist er eingesäumt von Tausenden von Scheiterhaufen und Tausenden von Blutgerüsten. Prasselnd schlagen die Flammen zum Himmel empor.

Graf Paul von Hoensbroech, dt. Philosoph (1852 - 1923)

Es ist gar viel Dummes in den Satzungen der Kirche. Aber sie will herrschen, und da muss sie eine borniert Masse haben, die sich duckt und die geneigt ist, sich beherrschen zu lassen. Die hohe reich dotierte Geistlichkeit fürchtet nichts mehr als die Aufklärung der unteren Massen.

Johann Wolfgang v. Goethe, dt. Dichter (1749 - 1832)

Es ist keine Übertreibung zu sagen, dass die christliche Kirche den Menschen ein größeres Maß unverdienten Leides zugefügt hat als irgendeine andere Religion.

William E. H. Lecky, britischer Historiker (1838 - 1903)

Es wäre doch wirklich an der Zeit, die christliche Mythologie mit all ihren Göttern, Halbgöttern, Sehern, Himmeln und Höllen (und natürlich auch die rezenten Dekorationen) dahin abzustellen, wohin sie historisch und wertmäßig gehört: nämlich in die Nähe der römischen und griechischen.

Arno Schmidt, dt. Schriftsteller (1914 - 1979)

Gebt der Kirche einen Platz in der Verfassung, lasst sie noch einmal das Zepter der Macht berühren, und die mühselig erkämpften Errungenschaften von Jahrhunderten werden sich in Asche verwandeln.

Robert G. Ingersoll, amerik. Politiker (1833 - 1899)

Glaubt ihr denn, daß der liebe Gott katholisch ist?

Georg Christoph Lichtenberg, dt. Schriftsteller u. Physiker (1742 - 1799)

Gottesdienste sind ja im Grunde nichts Anderes als Märchen-
stunden für kindheitsgeschädigte Angstmenschen, die sich
hartnäckig weigern, erwachsen und selbstständig zu werden. Ihr
sehnsüchtiges Bedürfnis nach sicherheits- und sinnstiftenden
Ritualen ist so immens, dass ihnen die Absurdität dieser Veran-
staltungen kaum bis ins Bewusstsein vordringt.
Helge Nyncke, dt. Illustrator u. Autor (1956 -)

Ich bin umgeben von Priestern, die mir wieder und wieder
versichern, dass ihr Reich nicht von dieser Welt sei, aber beständig ihre Hand nach allem ausstrecken, was sie greifen können.
Napoleon Bonaparte, franz. Kaiser (1769 - 1821)

Ich kann es kaum begreifen, wie jemand, wer es auch sei, wünschen könne, die christliche Lehre möge wahr sein; denn, wenn
dem so ist, dann zeigt der einfache Text [des Evangeliums], dass
die Ungläubigen, und ich müsste zu ihnen meinen Vater, meinen Bruder und nahezu alle meine besten Freunde zählen,
ewige Strafen verbüßen müssen. Eine abscheuliche Lehre!
Charles Darwin, brit. Naturforscher (1809 - 1882)

Ich tue nur, was die Kirche seit fünfzehnhundert Jahren tut,
allerdings gründlicher.
Der Katholik Adolf Hitler (1889 - 1945)

Ich verurteile das Christentum, ich erhebe gegen die christliche
Kirche die furchtbarste aller Anklagen, die je ein Ankläger in
den Mund genommen hat. Sie ist mir die höchste aller denkba-

ren Korruptionen, sie hat den Willen zur letzten auch nur möglichen Korruption gehabt. Die christliche Kirche ließ nichts mit ihrem Verderbnis unberührt, sie hat aus jedem Wert einen Unwert, aus jeder Wahrheit eine Lüge, aus jeder Rechtschaffenheit eine Seelen-Niedertracht gemacht. Man wage es noch, mir von ihren „humanitären" Segnungen zu reden! Irgend einen Notstand abschaffen ging wider ihre tiefste Nützlichkeit, sie lebte von Notständen, sie schuf Notstände, um sich zu verewigen.

Friedrich Nietzsche, dt. Philosoph (1844 - 1900)

Ich wünsche dem Führer nichts sehnlicher als einen Sieg.

Papst Pius XII. (1876 - 1958)

In keiner Religion ist dieser Fanatismus, die rücksichtslose, vor keinem Frevel zurückschreckende Verfolgung aller Andersdenkenden, so dominierend geworden und geblieben wie im Christentum in all seinen Erscheinungsformen.

Eduard Meyer, dt. Althistoriker (1855 - 1930)

Ist aber Christus nicht auferweckt worden, dann ist unsere Verkündigung leer und euer Glaube sinnlos.

Paulus von Tarsus im 1. Brief an die Korinther

Je mehr Licht man in die Kirchengeschichte bringt, desto dunkler wird's.

Heinrich Wiesner, schweiz. Aphoristiker (1925 -)

Läßt man sich durch die Nebelwolken verunklarender, emotionalisierender Terminologie und logische Inkonsistenzen nicht ablenken, so findet sich auch bei Küng kein einziges tragfähiges Argument, das die für einen heutigen denkenden Menschen ungeheuerliche Zumutung aus der Welt schaffte, an einen Gott glauben zu sollen, der die blutige extrem grausame Hinrichtung eines Menschen, zu dem er in einem Vater-Sohn-Verhältnis steht, als Vorbedingung seiner Wiederversöhnung mit den Menschen ausdrücklich wollte und akzeptierte.

Franz Buggle, dt. Psychologe (1933 - 2011)

Man soll nicht in Kirchen gehen, wenn man reine Luft atmen will.

Friedrich Nietzsche, dt. Philosoph (1844 - 1900)

Mein Hauptvorwurf an die katholische Kirche: Sie ist überhaupt nicht daran interessiert, dass Menschen sich als Person in Freiheit entwickeln. Das fürchtet sie geradezu. Denn es untergräbt ihr Herrschaftssystem.

Eugen Drewermann, dt. Theologe (1940 -)

Merk: Wer sich so mit dem Nebel des Mysteriums umgibt, wie alle diese, die es mehr oder weniger begabt der katholischen Kirche nachmachen, der zeigt, daß seine Position bei voller Klarheit viel zu fürchten hat.

Kurt Tucholsky, dt. Schriftsteller (1890 - 1935)

Nach intensiver Beschäftigung mit der Geschichte des Christentums kenne ich in Antike, Mittelalter und Neuzeit, einschließlich und besonders des 20. Jahrhunderts, keine Organisation der Welt, die zugleich so lange, so fortgesetzt und so scheußlich mit Verbrechen belastet ist wie die christliche Kirche, ganz besonders die römisch-katholische Kirche.

Karlheinz Deschner, dt. Schriftsteller (1924 - 2014)

Nach katholischer offizieller Lehre wird oder wurde die ewige Höllenstrafe bis vor kurzem auch für so schwerwiegende Vergehen wie schuldhaftes Fernbleiben von der sonntäglichen Meßfeier, für „freiwillig herbeigeführte" (auch gedankliche) sexuelle Lust aller Art außerhalb der Ehe, Empfängnisverhütung usw. verhängt.

Franz Buggle, dt. Psychologe (1933 - 2011)

Nein, nichts ist deutlicher, als daß Jesus gar nicht daran gedacht hat, eine Kirche zu gründen.

Heinrich Weinel, evang.-lutherischer Theologe (1874 - 1936)

Niemals wandten sich die deutschen Bischöfe gegen die vielen Tausende von Justizmorden an ihren Gegnern, gegen die Verfolgung von Liberalen, Demokraten und Kommunisten, die sie ja gerade wünschten. Niemals protestierten diese Bischöfe gegen Hitlers Überfall auf Österreich, die Tschechoslowakei, Polen, Dänemark, Norwegen, Belgien, Holland, Frankreich oder gar die Sowjetunion, einen Krieg, den sie doch heiß begrüßten. Niemals protestierten sie gegen die grauenhaften Judenpogrome, gegen die Zerstörung von mehr als zweihundert Synagogen, gegen die Demütigung, Verschleppung und Vergasung der Juden, die ihre eigene Kirche ja eineinhalb Jahrtausende lang immer wieder verfolgt und getötet hatte.

Karlheinz Deschner, dt. Schriftsteller (1924 - 2014)

Niemand vor Stalin und Hitler hat in Europa das menschliche Leben so unentwegt aufs äußerste verachtet und in den Staub getreten, ja, dies noch – Gipfel zynischer Perversion – als „gottgewollt" verkündet, wie die christliche Kirche.

Karlheinz Deschner, dt. Schriftsteller (1924 - 2014)

„Richtet nicht!" sagen sie, aber sie schicken alles in die Hölle, was ihnen im Wege steht.

Friedrich Nietzsche, dt. Philosoph (1844 - 1900)

Schlimmer noch als Anmaßung und Unredlichkeit der Christen ist die Tatsache, daß diejenigen, die keine Christen sind, solches hinnehmen.

Gerhard Szczesny, dt. Schriftsteller (1918 - 2002)

Sie kamen mit ihrer Religion, stahlen unser Land und zerstörten unsere Kultur, und wir sollen jetzt dem Herrn danken, dass wir gerettet wurden.

Pontiac, Häuptling der Ottawa-Indianer (1720 - 1769)

So glaube ich heute im Sinne des allmächtigen Schöpfers zu handeln: Indem ich mich des Juden erwehre, kämpfe ich für das Werk des Herrn.

Der Katholik Adolf Hitler (1889 - 1945)

Sowohl Vereine als auch die Kirche fungieren als geschlossene selbstverliebte Systeme, die Angst vor Neuerungen haben und um ihren Bestand fürchten.

Reinhold Miller, dt. Pädagoge u. Autor (1943 -)

Statt Liebe zu üben, haben die Christen in allen Jahrhunderten Gewalt verübt.
Fritz Leist, dt. Religionsphilosoph (1913 - 1974)

Tolerant war die Kirche nur, solange sie eine Minderheit bildete und ihr eine erdrückende Mehrheit gegenüberstand. [...] Sobald der Staat aber das Christentum privilegierte, war es mit der Forderung nach Toleranz und Religionsfreiheit vorbei.
Karlheinz Deschner, dt. Schriftsteller (1924 - 2014)

Unsere abendländische Kultur, auf Altertum und Renaissance beruhend, ist im härtesten Kampf gegen die ausgesprochen kulturhemmenden Kräfte des Christentums entstanden
Arno Schmidt, dt. Schriftsteller (1914 - 1979)

Unter dem Druck konservativer Christen haben einige Geschäfte jetzt angefangen, Playboy und Penthouse aus ihren Regalen zu nehmen. Ich finde das gut. Anderen Menschen eine bestimmte Literatur aufzuzwingen, ist ungehörig. Es käme ja auch niemand auf den Gedanken, eine Bibel in jedes Hotelzimmer zu legen.
Dennis Miller, amerik. Komiker (1953 -)

Unter geschichtlichen Gesichtspunkten angesehen, bietet die Marienverehrung einen Anblick dar, bei dem einen der Menschheit ganzer Jammer anfaßt. Es ist eine Geschichte des kindlichsten Aberglaubens, der kecksten Fälschungen, Verdrehungen, Auslegungen, Einbildungen und Machenschaften, aus menschlicher Kläglichkeit und Bedürftigkeit, jesuitischer

Schlauheit und kirchlichem Machtwillen zusammengewoben, ein Schauspiel, gleich geschickt zum Weinen wie zum Lachen: die wahre göttliche Komödie.

Arthur Drews, dt. Philosoph (1865 - 1935)

Was die Kirche braucht, ist blinder Gehorsam, das Rezept aller Diktaturen. Dazu werden ihre Anhänger systematisch erzogen.

Karlheinz Deschner, dt. Schriftsteller (1924 - 2014)

Was diese Institution in den letzten zwei Jahrtausenden aufgrund ihrer Macht Millionen von Menschen an Leib und Seele angetan hat, ist von solcher erschütternder und deprimierender Ungeheuerlichkeit, dass selbst eine absolut reine, edle und göttliche Lehre dieses niemals rechtfertigen könnte.

Uwe Lehnert, dt. Bildungsinformatiker (1935 -)

Was sich aus praktischen Gründen durchsetzte, wurde erst kirchlicher Brauch, dann heiliges Gesetz, und bald erinnerte sich keiner mehr, daß es jemals anders gewesen war. Man konnte daher ganz christlich die Überzeugung hegen, daß Christus und seine Apostel ihre Kirche genauso gegründet hätten, wie man sie zu jeder Zeit vor sich sah; denn keine Änderung hatte man absichtlich eingeführt, sondern alle hatten sich unter dem Drucke der Verhältnisse von selbst gebildet. So konnten auch die Formen der Kirchenverfassung zur Glaubenswahrheit werden, die gleich der Lehre Christi für ewig und unerschütterlich galt. Daß geschichtliche Tatsachen dem widersprachen, wußte man nicht, und wenn man es doch ahnte, beseitigte man sie durch unschuldige, halb unbewußte Fälschung.

Otto Seeck, dt. Althistoriker (1850 - 1921)

Was sollte auch ein armes Gemeindemitglied von der fürstlichen Pracht eines Bischofs denken, wenn es dagegen in den Evangelien die Armut und Dürftigkeit Christi sieht, der mit seinen Jüngern in Demut zu Fuße ging, während der fürstliche Bischof in seiner von sechs Pferden gezogenen Karosse einherbrauset!

Johann Wolfgang v. Goethe, dt. Dichter (1749 - 1832)

Wenn die Bibel ein gewöhnliches Buch ist und Christus ein gewöhnlicher Mensch, dann ist die Grundlehre des Christentums falsch.

Sam Harris, amerik. Schriftsteller (1967 -)

Wenn ich eine Zeitmaschine hätte, würde ich nach Nazareth in das Jahr 35 reisen, um Jesus, den Tischler, zu finden und ihn vor dem Ärger zu warnen, den er anrichten wird.

Tom Conti, schott. Schauspieler (1941 -)

Wenn solche Gestalten zum Verzicht aufrufen, ist Vorsicht geboten! Oft sind das düstere Versuche, die eigene Lebensunfähigkeit dadurch erträglich zu machen, dass man sie zu etwas moralisch oder theologisch Besserem stilisiert.

Dieter Nuhr, dt. Kabarettist (1960 -), über die kirchliche Reglementierung der Sexualität

Wer den Teufel rettet, rettet zugleich das Geschäft mit der Angst, aus der heraus aber nur Aberglaube entstehen kann: Ich glaube (an Gott), damit ich nicht in die Hölle komme... Die Menschen, die von der Kirche ängstlich gemacht wurden, wer-

den von ihr als „Mutter Kirche" getröstet. [...] Die Folge davon ist die permanente Unfreiheit des Menschen [...] Die „Mutter Kirche" verhindert somit echte Mündigkeit und ideologisiert das Ganze dann mit Gottgewolltheit und Demut des Glaubens.
Reinhold Miller, dt. Pädagoge u. Autor (1943 -)

Wer der Religion die „säkulare" Tyrannei gegenüberstellt, hofft darauf, dass beides vergessen wird: die enge Beziehung zwischen den christlichen Kirchen und dem Faschismus sowie die Kapitulation der Kirchen vor dem Nationalsozialismus.
Christopher Hitchens, amerik. Autor (1949 - 2011)

Wer sich über das Christentum nicht empört, kennt es nicht.
Joachim Kahl, dt. Philosoph u. Soziologe (1941 -)

Wir glauben, lehren und bekennen, [...] daß die Erbsünde nicht eine unbedeutende, sondern eine so tiefe Verderbnis der menschlichen Natur ist, daß nichts Gesundes oder Unverderbtes an Leib und Seele des Menschen [...] sei [...und dass der Mensch] nur Lust und Willen zum Bösen hat.
Bekenntnisschriften der evangelischen-lutherischen Kirche, 1956

Wir können der Religion diesen Impuls [andere Menschen zu foltern] nicht vorwerfen, aber wir können sie dafür verurteilen, dass sie die Folter institutionalisiert und perfektioniert hat.
Christopher Hitchens, amerik. Autor (1949 - 2011)

5. Kinder

Oft hört man, Kinder seien religiöse Menschen von innen heraus, bräuchten spirituelle Begleitung. Doch stimmt das überhaupt?

Natürlich, Kinderaugen beginnen zu leuchten, wenn sie bei der feierlichen Kinderchristmette in schummrigem Kerzenlicht das weihnachtliche Krippenspiel verfolgen. Doch dies gewissermaßen als Beleg für angeborene Religiosität zu interpretieren, ist schon sehr naiv. Freilich sehnen sich Menschen nach Ritualen, nach Festen, die den Jahres- und Lebenslauf strukturieren. Dies kann jedoch nicht als „Veranlagung zur Religiosität" gedeutet werden, und schon gar nicht als Beleg dafür, dass die Behauptungen der Religionen wahr seien.

Klar ist, dass die religiöse Gehirnwäsche sehr früh beginnt und ein engmaschiges weltanschauliches Netz um die Kinder spannt. Anstatt den Nachwuchs durch Erziehung zur kritischen Vernunft in die Lage zu versetzen, selbst über solch wichtige Dinge wie die eigene Weltanschauung entscheiden zu können, wird ihnen diese Entscheidung von Beginn an abgenommen. So werden Kindern – mit (grundgesetzwidriger) staatlicher Duldung und Unterstützung! – weltanschauliche Scheuklappen aufgesetzt. Es ist ein Skandal: Unser Nachwuchs bekommt schon im Kleinkindalter die religiösen Schöpfungsmärchen eingetrichtert, bevor er – wenn überhaupt – erst viele Jahre später mit der Evolutionslehre in Berührung kommt.

Wer nach jahrelanger Indoktrination durch Familie, Schule und Gesellschaft schließlich „weichgespült" wurde, wird auch meist als vernünftig denkender Erwachsener seine Religion nicht mehr grundsätzlich in Frage stellen. Während die Urchristenheit nur Erwachsene taufte, führte die Kirche aus nachvollziehbaren Gründen im dritten Jahrhundert die Kindertaufe ein. Sie wusste ganz genau, warum sie Kinder im wehrlosen Alter von wenigen Monaten taufte und nicht erst als Erwachsene, in einem Alter also, in dem sie hätten erkennen könnten, dass zwischen der realen Welt und der Glaubenswelt unüberbrückbare Gegensätze bestehen. Offenbar ist auch heute die Überzeugungskraft der Glaubensbotschaft so schwach, dass sie mündige Menschen kaum noch überzeugen könnte.

Für welche Weltanschauung sich ein Erwachsener entscheidet, das sei alleine ihm überlassen. Religiöse Überzeugungen sollten toleriert und respektiert werden, solange keine Dritten oder Menschenrechte durch sie bedroht sind, getreu dem Motto „Leben und leben lassen". Viele Gläubige finden ja Sinn und Trost in der Religion und leben ein vorbildliches und tadelloses Leben. Wenn Eltern ihre Kinder religiös erziehen, haben sie in der Regel – das sei unbestritten – das Wohl des Kindes im Blick. Sie geben ihre eigene Weltanschauung an den Nachwuchs weiter in der Überzeugung und Hoffnung, ihm etwas Gutes zu tun. Es soll hier nicht darum gehen, sie alle zu verunglimpfen oder ihnen ihren Glauben wegzunehmen.

In unserer jetzigen, in manchen Bereichen geradezu religionsüberfluteten Gesellschaft haben aber (junge) Menschen gar nicht erst die Chance, sich ein vorurteilsfreies Bild zu machen. Ein Kind hat das Recht, nicht zu früh einseitig indoktriniert zu werden. Wenn ihm lediglich die Religion seiner Eltern, in die es zufällig hineingeboren wurde, als allein seligmachend angepriesen wird, beschränkt dies seinen geistigen Horizont drastisch und macht es blind für andere weltanschauliche Richtungen.

Der Protest der Gläubigen gegen die wissenschaftliche Unterweisung ihrer Kinder ist nur allzu verständlich, denn nichts enttarnt die Irrtümer der althergebrachten Welterklärungsmodelle schonungsloser als die wissenschaftliche Erhellung der realen Sachverhalte.

Michael Schmidt-Salomon, dt. Philosoph (1967 -)

Die Korrumpierung des menschlichen Denkens durch frühkindlich (offensichtlich insbesondere auch unter Ausnützung der frühkindlichen Elternbindung [...]) induzierte Affekte (Zuwendung, Ängste usw., durch Versprechen höchsten Lohnes und Androhung extremster Strafen und Vorstellungen) sowie durch illusionäres Wunschdenken geht in wenigen Bereichen so weit und erweist sich so resistent wie im Bereich des Weltanschaulich-Religiösen.

Franz Buggle, dt. Psychologe (1933 - 2011)

Die Pfaffen sind nicht ohne Grund darauf bedacht, sich der Kinder zu bemächtigen. Hierdurch, vielmehr noch, als durch Drohungen und Berichte von Wundern, schlagen die Glaubenslehren Wurzel. Wenn nämlich dem Menschen, in früher Kindheit, gewisse Grundansichten und Lehren mit ungewohnter Feierlichkeit und mit der Mine des höchsten, bis dahin von ihm noch nie gesehenen Ernstes wiederholt vorgetragen werden, dabei die Möglichkeit eines Zweifels daran ganz übergangen, oder aber nur berührt wird, um darauf als den ersten Schritt zum ewigen Verderben hinzudeuten; da wird der Eindruck so tief ausfallen, dass in fast allen Fällen der Mensch beinahe so unfähig seyn wird, an jene Lehren, wie an seiner eigenen Existenz zu zweifeln; weshalb dann unter vielen Tausenden kaum Einer die Festigkeit des Geistes besitzen wird, sich ernstlich und aufrichtig zu fragen: ist Das wahr?

Arthur Schopenhauer, dt. Philosoph (1788- 1860)

[Ein] Kind kann nicht wissen, dass „Plansch nicht in einem Teich voller Krokodile" ein guter Ratschlag ist, während „Du sollst bei Vollmond eine Ziege opfern, sonst bleibt der Regen aus" im besten Fall eine Vergeudung von Zeit und Ziegen darstellt.

Richard Dawkins, brit. Evolutionsbiologe (1941 -)

Ein religiös neutraler Staat ist gegenüber seiner Nachwuchsgeneration zur Vermittlung eines ebenso neutralen Bildungsangebotes verpflichtet. Nicht weniger, aber eben auch nicht mehr. Alles, was darüber hinausgeht, sollte nicht Sache des Staates sein, sondern, wenn es denn sein soll, ein freiwilliges Angebot des jeweiligen Trägers. Dann muss ja nicht jeder hingehen.

Helge Nyncke, dt. Illustrator u. Autor (1956 -)

[Eltern haben] kein gottgegebenes Recht, ihre Kinder auf irgendeine von den Eltern gewählte Weise kulturell zu indoktrinieren: kein Recht, den Wissenshorizont ihrer Kinder zu beschränken, sie in einer Atmosphäre von Dogmen und Aberglauben aufwachsen zu lassen oder darauf zu bestehen, dass sie dem einfachen, schmalen Weg des elterlichen Glaubens folgen. Kurz gesagt, Kinder haben das Recht, dass ihr Geist nicht durch Unsinn verdorben wird, und wir als Gesellschaft haben die Pflicht, sie davor zu schützen. Den Kindern beispielsweise beizubringen, an den wörtlichen Wahrheitsgehalt der Bibel zu glauben oder anzunehmen, dass die Planeten über ihr Leben bestimmen, sollten wir Eltern ebenso wenig gestatten, wie wir ihnen erlauben, ihren Kindern die Zähne auszuschlagen oder sie in einen Kerker einzusperren.

Nicholas Humphrey, brit. Psychologe (1943 -)

Katholisch geboren worden zu sein, ist der größte Unfall meines Lebens.

Horst Eckert alias Janosch, dt. Schriftsteller (1931 -)

Kinder sollten Moral und Ethik lernen. Das ist hilfreicher als alle Religion.

Tenzin Gyatso, 14. Dalai Lama (1935 -)

Man sollte es sich zur heiligsten Pflicht machen, dem Kinde nicht zu früh einen Begriff von Gott beibringen zu wollen. Die Forderung muß von Innen heraus geschehen, und jede Frage, die man beantwortet, ehe sie aufgeworfen ist, ist verwerflich. [...] Und das Kind hat vielleicht seine ganze Lebenszeit daran zu wenden, um jene irrigen Vorstellungen wieder zu verlieren oder wenigstens zu schwächen.

Friedrich Schiller, dt. Dichter (1759 - 1805)

Mein bester Rat an alle, die ein glückliches und mental gesundes Kind aufziehen möchten, ist: Haltet es so weit wie möglich von einer Kirche fern, wie ihr könnt.

Frank Zappa, amerik. Musiker (1940 - 1993)

Mein Kinderalltag war von religiösen Handlungen, katholischen Bräuchen, christlichen Symbolen, frommen Gesten durchwirkt und von kirchlichen Bauten umgeben: das Morgengebet nach dem Aufwachen; das Kreuzzeichen, das mir meine Mutter beim Weggehen auf die Stirn gab.

Reinhold Miller, dt. Pädagoge u. Autor (1943 -)

Nicht die Sexualkunde verdirbt die Minderjährigen – der Religionsunterricht!
Karlheinz Deschner, dt. Schriftsteller (1924 - 2014)

Noch heute indes kommt niemand mit einer Idee von "Gott" zur Welt, jedes Kind weiß nichts vom "lieben Himmelvater", bis es Leute beschwätzen, die genau so wenig davon wissen.
Karlheinz Deschner, dt. Schriftsteller (1924 - 2014)

Sehr wenige Leute hätten einen Gott, wenn man nicht dafür gesorgt hätte, ihnen einen zu geben.
Jean Meslier, franz. Pfarrer und Aufklärer (1664 - 1729)

Tatsächlich sehen wir recht oft, dass die aufgeklärtesten Menschen für immer in den Vorurteilen ihrer Kindheit befangen bleiben. Mit einem Wort, alles beweist uns, dass nichts schwieriger ist, als sich von den Begriffen zu lösen, die uns in unserer Jugend eingeflößt worden sind.
Paul Thiry D'Holbach, franz. Philosoph (1723 - 1789)

Und die Menschen glauben an Gott, weil ihre Väter und Mütter an Gott glaubten, weil ihre Väter und Mütter an Gott glaubten, weil ihre Väter und Mütter an Gott...
Reinhold Miller, dt. Pädagoge u. Autor (1943 -)

Wenn die religiöse Unterweisung erst in einem Alter zugelassen wäre, in dem Kinder selbstständig denken können, lebten wir in einer völlig anderen Welt.
Christopher Hitchens, amerik. Autor (1949 - 2011)

Wenn die Welt erst ehrlich genug sein wird, um Kindern vor dem 15. Jahre keinen Religionsunterricht zu erteilen, dann wird etwas von ihr zu hoffen sein.
Arthur Schopenhauer, dt. Philosoph (1788- 1860)

Wenn Klein-Erna mit Segen des Staates von Vertretern der katholischen Kirche, Klein-Mehmet von Muslimen, Klein-Philipp von Zeugen Jehovas etc. fürs Leben geschult werden, so entsteht darüber keine weltanschauliche Vielfalt, sondern bloß potenzierte Einfalt. Mit der bisher gewählten Strategie, die schulische Vermittlung und Diskussion von Werten und Weltanschauungen ausgerechnet den religiösen Gemeinschaften zu überlassen, hat der Staat den Bock zum Gärtner gemacht.
Michael Schmidt-Salomon, dt. Philosoph (1967 -)

Wenn Millionen Kinder lernen, dass Masturbation blind macht, unreine Gedanken ins ewige Fegefeuer führen, dass auch Anhänger anderer Konfessionen [...] auf ewig dort werden schmoren müssen oder dass beim Küssen Geschlechtskrankheiten übertragen werden, dann ist der Schaden gar nicht zu ermessen.
Christopher Hitchens, amerik. Autor (1949 – 2011)

Wenn Sie religiös sind, besteht eine überwältigend große Wahrscheinlichkeit, dass es sich um die Religion Ihrer Eltern handelt. Wenn Sie in Arkansas geboren wurden und das Christentum für richtig, den Islam aber für falsch halten, während Sie gleichzeitig ganz genau wissen, dass ein gebürtiger Afghane genau umgekehrt denken würde, sind Sie das Opfer der Indoktrination im Kindesalter.
Richard Dawkins, brit. Evolutionsbiologe (1941 -)

137

Wenn wir abwägen, ob die Religion mehr geschadet als genützt hat – und das sagt noch gar nichts über Wahrheit oder Authentizität aus –, führt uns das zu der schwierigen Frage, wie viele Kinder infolge der Zwangsindoktrination durch den Glauben psychisch und physisch irreparable Schäden davongetragen haben.

Christopher Hitchens, amerik. Autor (1949 – 2011)

Wer Hass und Furcht und Schuld gepredigt und unzählige Kinderleben ruiniert hat, sollte dankbar sein, dass die Hölle, von der er schwafelt, nur eine seiner eigenen niederträchtigen Lügen ist und er nicht dort verrotten muss.

Christopher Hitchens, amerik. Autor (1949 – 2011)

Wer sich einmal dazu gebracht hat, alle die Absurditäten, die die religiösen Lehren ihm zutragen, ohne Kritik hinzunehmen und selbst die Widersprüche zwischen ihnen zu übersehen, dessen Denkschwäche braucht uns nicht arg zu verwundern.

Sigmund Freud, österr. Arzt u. Psychologe (1856 – 1939)

Wer von klein auf Gott als existent vorgesagt und vorgelebt bekam, und was sein Hirn gravierend speichert, der ist kaum in der Lage, sich von dieser Gravur und Sozialisierungsfessel zu befreien.

Reinhold Miller, dt. Pädagoge u. Autor (1943 -)

Wir sind alle infiziert von religiösem Gedankengut, wir leben seit Jahrhunderten nicht auf einer bekenntniskeimfreien Insel sondern mitten in einer hochvirulenten Intensivstation mit mannigfach verborgenen Ansteckungsmöglichkeiten.

Helge Nyncke, dt. Illustrator u. Autor (1956 -)

Zwar stürzen sich die wenigsten Gläubigen mit Flugzeugen auf Gebäude oder richten ihr Leben nach einer apokalyptischen Prophezeiung aus, aber es fragt doch kaum einer, ob es überhaupt zulässig ist, ein Kind in dem Glauben zu erziehen, dass es Christ, Muslim oder Jude sei.

Sam Harris, amerik. Schriftsteller (1967 -)

6. Ethik

Ungereimtheiten in der Bibel, Verfehlungen der Kirche in der Vergangenheit, das alles mag ja kritisierbar sein. Aber, so argumentieren viele Gläubige, dennoch legt doch die christliche Moral die Basis für das Zusammenleben in unserer Gesellschaft. Würde ohne die Zehn Gebote nicht alles im Chaos versinken? Wo die Religion an Einfluss verliert, scheinen Menschenrechte und der gesellschaftliche Zusammenhalt gefährdet. Beliebigkeit und Nihilismus untergraben dann die Fundamente unserer Gesellschaft und drohen die Menschen in den Untergang zu stürzen.

Ein solch düsteres Bild wird oft gezeichnet – zu Recht? Die Fakten deuten eher auf das Gegenteil hin. Die wenigen für das menschliche Zusammenleben bedeutsamen Gebote aus Moses Steintafeln (man lese sie einmal gründlich!) sind natürlich keine christliche Erfindung. In jeder menschlichen Gesellschaft, in jeder Kultur waren Mord und Diebstahl geächtet, sonst wären sie nicht (über-) lebensfähig gewesen.

Auf die Mehrzahl der christlichen Gebote kann eine gelingende menschliche Gesellschaft getrost verzichten. Man schaue sich nur einmal die ersten, offenbar wichtigsten Gebote an, in denen ein selbstherrlicher, egozentrischer und eifersüchtiger Gott keine anderen Götter neben sich duldet, auf Missbrauch seines Namens höchst beleidigt reagiert und bei seinen Feinden die Schuld der Väter an den Söhnen der dritten und vierten Generation verfolgt. Was soll an solchen Vorschriften gut sein? Sind dies die kleinkarierten Worte jenes allmächtigen Wesens, das vor knapp 14 Milliarden Jahren das Universum erschuf, in dem wir heute Milliarden fantastische Spiralgalaxien, beeindruckende Kugelsternhaufen und geheimnisvolle Schwarze Löcher beobachten? Daran glauben zu sollen ist schon eine arge Zumutung für den menschlichen Denkapparat. Dabei gibt es wesentlich bessere Alternativen zu den verstaubten biblischen Geboten. Das beginnt schon mit dem einfachen Prinzip der „Goldenen Regel": Behandle andere so, wie du von ihnen behandelt werden willst. Das versteht jedes Kind.

Dennoch – ist die christliche Moral nicht von überzeugender Überlegenheit? Prägt sie nicht das vielzitierte „Christliche Abendland"? Nein, denn unsere ethischen Normen leiten sich nachweislich eben nicht vom Christentum ab, sondern sind diesen weit voraus. Die Kirche bleibt bei ihren Moralvorstellungen den Ge- und Verboten des biblischen Gottes verhaftet. Nach diesen kann man sich im religiösen Sinne höchst unmoralisch verhalten (und in alle Ewigkeit verdammt sein), wenn man beispielsweise in einer homosexuellen Partnerschaft lebt. Obwohl beide Partner sich einig sind und die Rechte Dritter in keiner Weise beeinträchtigt werden, besitzt die Kirche die anmaßende Frechheit und bodenlose Dummheit, Homosexualität als unnatürlich zu diffamieren und von den betreffenden Menschen Enthaltsamkeit zu fordern.

Ganz anders eine humanistische Ethik: Sie fragt danach, welche Folgen unsere Handlungen für andere haben, ob dadurch z. B. anderen Leid zugefügt wird. Eine solche, dem Menschen zugewandte Ethik ist es, was unsere heutige Welt braucht, Toleranz gegenüber unterschiedlichen Lebensentwürfen und Weltanschauungen, kein rückwärtsgewandtes Moralisieren, das an den Bedürfnissen der Menschen völlig vorbeizielt.

Auch wenn dies zunächst verblüffend und paradox erscheint: Ees geht nicht nur auch ohne religiöse Moral. Es geht ohne sie sogar besser. Wenn an ihre Stelle eine humanistische Ethik träte, wäre die Erde ein weitaus besserer Ort.

Alle in theologischen Werken üblichen Verherrlichungen des Christentums, daß es im Mittelalter wenigstens die Sklaverei abgeschafft habe, beruhen auf krasser Unwissenheit oder verlogener Apologetik. Ungefähr das Gegenteil ist wahr.

Ernst Troeltsch, dt. Theologe (1865 - 1923)

Alles, was Freude macht, war verdächtig, weil es den Menschen ans Irdische bindet. Die Geschlechtsmoral der Kirchen ist bis heute Ausdruck dieser Haltung.

Johannes Lehmann, dt. Journalist (1929 - 2011)

Alles, was Menschen an Schlimmstem je erleiden mussten, endete schließlich mit einem gnädigen Tod. Jesus dagegen droht mit nie endenden, ewig andauernden extremen Feuerqualen.

Uwe Lehnert, dt. Bildungsinformatiker (1935 -)

Auch wenn Europa bis zum Beginn der Neuzeit fast vollständig unter dem machtvollen Einfluss des Christentums gestanden hat und die westliche Kultur bis heute mit christlichem Gedankengut durchsetzt ist, können Menschenrechte und Demokratie nicht dem Konto des Christentums gutgeschrieben werden, musste doch jedes einzelne Menschenrecht dem Christentum im Zuge des durch die Aufklärung in Gang gesetzten Säkularisierungsprozesses in einem erbitterten Machtkampf abgerungen werden.

Joachim Weiner, dt. Bildungssoziologe u. Publizist (1951 -)

Bestimmte sexuelle Verhaltensweisen können Krebs hervorrufen.

Papst Johannes Paul II (1920 - 2005), im Jahr 1999 vor Gynäkologen

Das Böse ist eine Wahnidee, die zwar in unseren Köpfen herumspukt, für die wir in der Realität jedoch keine Entsprechung finden.
Michael Schmidt-Salomon, dt. Philosoph (1967 -)

Das „Böse" lässt sich mit Fug und Recht als Wahnidee beschreiben. Denn die mit großer Gewissheit, ja, Starrsinn, vorgetragene Fiktion einer hinter allen Übeln lauernden „finsteren Macht" steht [...] in krassem Widerspruch zu unserem Wissen über die realen Ursachen der Entstehung von Ungerechtigkeit, Grausamkeit und Not.
Michael Schmidt-Salomon, dt. Philosoph (1967 -)

Das ist der Grundgedanke: dass wir alle schlecht wären, hielten wir uns nicht an die christliche Religion. Mir scheint es, dass der größte Teil der Menschen, die sich daran gehalten hatte, außerordentlich schlecht war. Es ergibt die seltsame Tatsache, dass die Grausamkeit umso grässlicher und die allgemeine Lage umso schlimmer waren, je stärker die Religion einer Zeit und je fester der dogmatische Glaube war.
Bertrand Russell, engl. Philosoph u. Mathematiker (1872 - 1970)

Das schlimmste an der christlichen Religion ist ihre krankhafte und unnatürliche Einstellung zur Sexualität.
Bertrand Russell, engl. Philosoph u. Mathematiker (1872 - 1970)

Das Weib ist ein minderwertiges Wesen, das von Gott nicht nach seinem Ebenbilde geschaffen wurde. Es entspricht der natürlichen Ordnung, daß die Frauen den Männern dienen.
Augustinus, Kirchenlehrer (354 - 430)

Der humanistisch-aufklärerische Standpunkt tut [...] gut daran, die Unteilbarkeit der Menschenrechte in den Vordergrund zu rücken, und tut ebenfalls gut daran, Individuen – nicht Traditionen – unter Schutz zu stellen. Denn nur Individuen sind in der Lage, Wohl und Wehe zu empfinden.

Michael Schmidt-Salomon, dt. Philosoph (1967 -)

Der Islam ist von seiner Struktur her ausgesprochen archaisch. Punkt für Punkt widerspricht er allem, was die Philosophie der Aufklärung seit dem 18. Jahrhundert in Europa durchgesetzt hat: Der Verurteilung des Aberglaubens und der Intoleranz, die Abschaffung von Zensur und Staatsreligion, die Ablehnung von Tyrannei, [...] die Erweiterung von Gedanken- und Meinungsfreiheit, die Gleichheit vor dem Gesetz [...] Alles Errungenschaften, die von den Suren eindeutig abgelehnt werden.

Michael Onfray, franz. Philosoph (1959 -)

Der menschliche Anstand leitet sich nicht aus der Religion ab. Er geht ihr voraus.

Christopher Hitchens, amerik. Autor (1949 - 2011)

Die Behauptung, das Christentum habe einen erhebenden Einfluss auf die Moral, kann nur aufrechterhalten werden, wenn man sämtliche historischen Beweise ignoriert oder fälscht.

Bertrand Russell, engl. Philosoph u. Mathematiker (1872 - 1970)

Die drei abrahamitischen Religionen Judentum, Christentum und Islam [...] schickten die Frauen sehr deutlich in die hinterste Reihe, ließen ihnen bei den Christen immerhin einen Alibiplatz als entsexualisierte Jungfrau und bei den Muslimen als viel besungenes Geheimnis hinter dem Vorhang und zugleich paradiesische Verheißung für Gott ergebene Märtyrer.

Helge Nyncke, dt. Illustrator u. Autor (1956 -)

Die Frau ist ein Missgriff der Natur.

Thomas von Aquin, Kirchenlehrer (1225 - 1274)

Die für uns heute und unsere allgemein geteilte Ethik basalen Grund- und Menschenrechte, auch dies sollte man entgegen der heute üblichen Verschleierungs- und historischen Verfälschungsversuche nicht vergessen, sind zum weitaus größten Teil gerade gegen theistische Positionen erkämpft worden.

Franz Buggle, dt. Psychologe (1933 - 2011)

Die größte Ehre, die das Weib hat, ist allzumal, dass die Männer durch sie geboren werden.

Martin Luther, dt. Reformator (1483 - 1546)

Die in der Erklärung der Menschenrechte proklamierten Grundrechte der Gleichheit aller vor dem Gesetz, der Gedanken-, Rede- und Pressefreiheit, zumal in religiösen Dingen, wurden [...] 1791 [...] durch Papst Pius VI. als „Ungeheuerlichkeiten" verdammt. „Kann man etwas Unsinnigeres ausdenken", schreibt dieser Papst, „als eine derartige Gleichheit und Freiheit für alle zu dekretieren".

Karlheinz Deschner, dt. Schriftsteller (1924 - 2014)

Die Menschen tun nie so vollständig und fröhlich etwas Böses, als wenn sie es aus religiöser Überzeugung tun.

Blaise Pascal, franz. Mathematiker u. kath. Philosoph (1623 - 1662)

Die Moral, die gut genug war für unsere Väter, ist nicht gut genug für unsere Kinder.

Marie von Ebner-Eschenbach, österr. Erzählerin (1830 - 1916)

Die moralische Bilanz des Christentums ist erschreckend. Angesichts der Tatsachen des „real existierenden Christentums", die uns die Geschichtsschreibung überliefert hat - eine militante Religion, die unmittelbar nach ihrem Sieg in der konstantinischen Wende zur Verfolgung ihrer Gegner übergegangen ist -, ist die These, dass es sich um eine Religion der Liebe handelt, nicht besonders glaubwürdig.

Hans Albert, dt. Philosoph (1921 -)

Die Religion hat viel Schlechtes und nur wenig Gutes hervorgebracht.

Claude Adrien Helvétius, franz. Philosoph (1715 - 1771)

[Die Religion] ist gewalttätig, irrational und intolerant, steht im Bund mit Rassismus, Stammesdünkel und Bigotterie, lehnt in ihrer Ignoranz die freie Forschung ab, verachtet Frauen und züchtigt Kinder.

Christopher Hitchens, amerik. Autor (1949 - 2011)

Die Sklaverei ist ein Gottesgeschenk.

Ambrosius, Kirchenlehrer (337 - 397)

Ein toter Sohn ist besser als ein ungezogener.

Martin Luther, dt. Reformator (1483 - 1546)

Eine derartige Verhängung von Sippenhaft, obendrein unbefristet, also wirksam bis ans Ende aller Tage, kann unmöglich zu den Werkzeugen eines gerechten Gottes gehören, ganz zu schweigen von einem barmherzigen, liebenden.

Peter Henkel, dt. Philosoph u. Journalist (1942 -), zur Erbsünde

Eine frohe Botschaft von der Güte Gottes, hat man recht gehört, von einem Reich der Freude und des Friedens, in der allein über dreißigmal von der ewigen Hölle als einem Ort unausdenkbar schwerer und nie aufhörender Qualen eines Großteils [...] der Menschen die Rede ist, die man sich für so schlimme Taten wie etwa der, zu einem Bruder „du Narr" zu sagen, verdient?

Franz Buggle, dt. Psychologe (1933 - 2011)

Eine Menschenopfer-Religion, die der Meinung ist, durch Blutvergießen seien wir erlöst. Eine Religion, die ständig von ihren Gläubigen und Priestern verlangt, Blut zu trinken, ist für mich eine Religion für Kannibalen.

Uta Ranke-Heinemann, dt. Theologin (1927 -)

Es besteht offensichtlich eine scharfe Diskrepanz zwischen dem Normgefüge der katholischen Sexualmoral und dem tatsächlichen Verhalten jener Säugetierart, für diese Normen eigentlich gedacht sein sollen. [...] Eine Ethik aber, die die Grundbedürfnisse (Interessen) der Menschen derart ignoriert, verdient es nicht, „Ethik" genannt zu werden.

Michael Schmidt-Salomon, dt. Philosoph (1967 -)

[Es gilt, eine Moral zu schaffen,] für die der Körper keine Strafe mehr ist, die Erde kein Jammertal, das Leben keine Katastrophe, das Vergnügen keine Sünde, die Frauen kein Fluch, die Intelligenz kein frivole Anmaßung und die Wollust kein Grund zur Verdammnis.

Michael Onfray, franz. Philosoph (1959 -)

Es ist eine historisch unumstößliche Tatsache, dass die fundamentalen Rechte (insbesondere die Menschenrechte), die die Grundlage für eine moderne, offene Gesellschaft bilden, keineswegs den Religionen entstammen, sondern vielmehr in einem Jahrhunderte währenden säkularen Emanzipationskampf gegen die Machtansprüche dieser Religionen durchgesetzt werden mussten.

Michael Schmidt-Salomon, dt. Philosoph (1967 -)

Es ist falsch, daß Staat, Recht und Gesetz nicht ohne Beihülfe der Religion und ihrer Glaubensartikel aufrecht erhalten werden können, und daß Justiz und Polizei, um die gesetzliche Ordnung durchzusetzen, der Religion als ihres nothwendigen Komplementes bedürfen. Falsch ist es, auch wenn es hundert Mal wiederholt wird. Denn [ein faktisches und schlagendes

Gegenbeispiel] liefern uns die Alten, zumal die Griechen. Das nämlich, was wir unter Religion verstehn, hatten sie durchaus nicht. Sie hatten keine heilige Urkunde und kein Dogma, das gelehrt, dessen Annahme von Jedem gefordert und das der Jugend frühzeitig eingeprägt worden wäre. [...] Also Religion, in unserem Sinne des Wortes, hatten die Alten wirklich nicht. Hat nun aber deswegen bei ihnen Anarchie und Gesetzlosigkeit geherrscht? ist nicht vielmehr Gesetz und bürgerliche Ordnung so sehr ihr Werk, daß es noch die Grundlage der unsrigen ausmacht?

Arthur Schopenhauer, dt. Philosoph (1788- 1860)

Es ist kein Zufall, dass die katholische Kirche bis heute im Kampf gegen die Sünden des Sexualbereichs ein größeres Engagement zeigt als gegen die Verbrechen gegen das menschliche Leben bei Krieg, Massentötung und Todesstrafe.

Uta Ranke-Heinemann, dt. Theologin (1927 -)

Es ist überraschend, dass es Bischöfe gibt, die bereit sind, Schlachtschiffe, Bombenflugzeuge oder Truppen vor dem Kampf zu segnen, die aber die Geburtenkontrolle verurteilen.

Harrison Matthews, brit. Zoologe (1901 - 1986)

Ethik, nicht Religion, ist in der menschlichen Natur verankert.

Tenzin Gyatso, 14. Dalai Lama (1935 -)

Gut und Böse sind banale, substanzlose Begriffe, die die Wirklichkeit weit eher verschleiern, als dass sie diese erhellen.

Michael Schmidt-Salomon, dt. Philosoph (1967 -)

Ich denke an manchen Tagen, dass es besser wäre, wenn wir gar keine Religionen mehr hätten. Alle Religionen und alle Heiligen Schriften bergen ein Gewaltpotential in sich. Deshalb brauchen wir eine säkulare Ethik jenseits aller Religionen. In den Schulen ist Ethik-Unterricht wichtiger als Religionsunterricht. Warum? Weil zum Überleben der Menschheit das Bewusstsein des Gemeinsamen wichtiger ist als das ständige Hervorheben des Trennenden.
Tenzin Gyatso, 14. Dalai Lama (1935 -)

[Ich stelle mir vor] Stalin, Hitler, Mao oder andere Massenmörder kämen vor ein ordentliches Gericht und würden für je einen Mord lebenslänglich bekommen; das wären dann 50 bis 100 Millionen Jahre Zuchthaus. Was sind schon so viele Jahre gegen eine Strafe, die da lautet: Ewige Hölle! Keine Milliarde, keine Billion, keine Trillion von Jahren – nein: Ewig, ewig, ewig!
Reinhold Miller, dt. Pädagoge u. Autor (1943 -)

In allen religiösen Texten herrscht die primitive Furcht, die Hälfte der menschlichen Rasse [die Frauen] sei befleckt und unrein, gleichzeitig aber eine sündhafte Versuchung, der man(n) unmöglich widerstehen könne. Liegt hier die Erklärung für den hysterischen Jungfrauen- und Jungfräulichkeitskult, die Furcht vor dem Frauenkörper und die Angst vor den weiblichen Fortpflanzungsorganen?
Christopher Hitchens, amerik. Autor (1949 – 2011)

In der Tat würde sich unser Verhältnis zur Welt in dramatischer Weise verbessern, wenn wir unsere altbackenen Moralvorstellungen endlich aufgeben könnten. Denn diese Vorstellungen

haben uns summa summarum krank, kritikunfähig, selbstsüchtig und dumm gemacht.
Michael Schmidt-Salomon, dt. Philosoph (1967 -)

In einem Punkt allerdings können wir absolut sicher sein: Wenn es überhaupt eine erkennbare positive Beziehung zwischen moralischem Verhalten und religiöser Zugehörigkeit, religiöser Praxis oder religiösem Glauben gibt, dann wird man sie bald entdeckt haben, denn viele religiöse Organisationen sind darauf erpicht, ihre traditionellen Ansichten in dieser Frage wissenschaftlich zu erhärten. [...] Mit jedem Monat, der verstreicht, ohne dass ein solcher Nachweis geführt würde, wächst allerdings der Verdacht, dass es einfach nicht so ist.
Dan Dennett, amerik. Philosoph (1942 -)

Jede Gesellschaft, die je erforscht wurde, hat sich vor so offensichtlichen Verbrechen wie denen, die auf dem Berg Sinai [durch die zehn Gebote] verboten wurden, geschützt.
Christopher Hitchens, amerik. Autor (1949 - 2011)

Man betrachte z. B. den Koran: Dieses schlechte Buch war hinreichend, eine Weltreligion zu begründen, das metaphysische Bedürfnis zahlloser Millionen Menschen seit 1200 Jahren zu befriedigen, die Grundlage ihrer Moral und einer bedeutenden Verachtung des Todes zu werden, wie auch, sie zu blutigen Kriegen und den ausgedehntesten Eroberungen zu begeistern. Wir finden in ihm die traurigste und ärmlichste Gestalt des Theismus. Viel mag durch die Übersetzung verloren gehen, aber ich habe keinen einzigen wertvollen Gedanken darin entdecken können.
Arthur Schopenhauer, dt. Philosoph (1788- 1860)

Männer, die es mit einem milden Lächeln quittieren, wenn direkt vor ihren Augen eine Frau in den Boden eingegraben und gesteinigt wird, brechen vor Schmerz in sich zusammen, wenn sie eine harmlose Zeichnung sehen, auf der ihr ach so geliebter Prophet karikiert wird.

Michael Schmidt-Salomon, dt. Philosoph (1967 -)

Menschenrechte, Grundrechte sind nicht teilbar, nicht kulturell relativierbar. Sie sind die Fundamente einer aufgeklärten Gesellschaft und müssen unter allen gesellschaftlichen Umständen verteidigt werden.

Necla Kelek, dt. Sozialwissenschaftlerin (1957 -)

Moralische Entrüstung besteht in den meisten Fällen zu 2 % aus Moral, 48 % Hemmungen und 50 % Neid.

François de La Rochefoucauld, franz. Schriftsteller (1613 - 1680)

Moralisten sind Leute, die sich jedes Vergnügen versagen, außer jenem, sich in das Vergnügen anderer Leute einzumischen.

Bertrand Russell, engl. Philosoph u. Mathematiker (1872 - 1970)

Nehmen Sie nun als Vergleich zum Beispiel das Versprechen der siebzig Jungfrauen, die jeder islamistisch verdrehte Selbstmordattentäter als viel gelobter Märtyrer im Jenseits zugeteilt bekommen soll, wenn er im Namen Allahs so viele als Ungläubige oder Verräter gebrandmarkte Mitmenschen wie möglich samt unschuldiger Kollateralschäden schön blutig und abschreckend zu Tode bombt. Drastischer lässt sich die unselige Verkettung von Religion und sexueller Unterdrückung nicht darstellen.

Helge Nyncke, dt. Illustrator u. Autor (1956 -)

Nur ein gläubiger Mensch wird auf Dauer ein friedfertiger Zeitgenosse bleiben.

Kardinal Joachim Meisner, Erzbischof von Köln (1933 -)

Ohne die Religion und ihre Arroganz würde keine anständige Gesellschaft diese primitive Amputation oder andere Eingriffe in die Genitalien ohne die volle Zustimmung der Betroffenen zulassen.

Christopher Hitchens, amerik. Autor (1949 – 2011), zur Beschneidung von Kindern

Religion ermöglicht es dem Menschen sogar dann noch zu glauben, dass sein Handeln moralisch sei, wenn es ganz und gar unmoralisch ist – das heißt, wenn es unschuldigen Menschen unnötigerweise schreckliches Leid bereitet.

Sam Harris, amerik. Schriftsteller (1967 -)

Religion ist eine Beleidigung für die Menschenwürde. Mit ihr oder ohne sie gibt es gute Menschen, die gute Dinge tun, und böse Menschen, die böse Dinge tun. Aber damit gute Menschen böse Dinge tun, braucht es die Religion.

Steven Weinberg, amerik. Physiker (1933 -)

Shakespeare, Tolstoi, Schiller, [...] verarbeiten komplexe ethische Konflikte besser als die mythischen Moralgeschichten der heiligen Schriften. Literatur, nicht die Heilige Schrift, nährt den Geist.

Christopher Hitchens, amerik. Autor (1949 - 2011)

Toleranz ist gut. Aber nicht gegenüber Intoleranten.

Wilhelm Busch, dt. Dichter (1832 - 1908)

Verlieren würden wir durch den Abschied von Gut und Böse nichts, worauf wir nicht gut und gern verzichten könnten. Denn das traditionelle Gut-und-Böse-Schema hat uns im Kampf um eine humanere Gesellschaft keineswegs geholfen. Im Gegenteil! Hinter der moralischen Maske lauerte immer schon der blinde Instinkt der Rache.

Michael Schmidt-Salomon, dt. Philosoph (1967 -)

Während Brücken, die auf der irrigen Annahme 2+2=22 erbaut werden, unweigerlich zusammenbrechen, können Weltbilder, die auf ähnlich absurde Vorstellungen gründen, erstaunlich stabil sein. Und so kommt es, dass Staaten, die über moderne Satellitentelefone und Hochleistungsrechner verfügen, gleichzeitig von archaischen Wahnideen beherrscht werden, etwa der Fiktion, Homosexuelle „im Namen Gottes" erhängen und „Ehebrecherinnen" steinigen zu müssen.

Michael Schmidt-Salomon, dt. Philosoph (1967 -)

Was die Ketzer anlangt, so haben sie sich einer Sünde schuldig gemacht, die es rechtfertigt, daß sie nicht nur von der Kirche

vermittels des Kirchenbannes ausgeschieden, sondern auch durch die Todesstrafe aus dieser Welt entfernt werden.
Thomas von Aquin, Kirchenlehrer (1225 - 1274)

Was hat man denn gegen den Krieg? Etwa daß Menschen, die doch einmal sterben müssen, dabei umkommen?
Augustinus, Kirchenlehrer (354 - 430)

Welche Freiheiten sollte man Gruppen einräumen, die die Prinzipien der Freiheit in Wort und Tat missachten, etwa indem sie Frauen, die über ihr Leben selbst bestimmen möchten, mit „Ehrenmord" bedrohen? Kann und darf Religionsfreiheit in vollem Umfang auch jenen zukommen, die sie, sofern sie die erforderliche Macht besäßen, sofort abschaffen würden?
Michael Schmidt-Salomon, dt. Philosoph (1967 -)

Welche Moral vertritt ein Individuum, das seine Schuld bezahlen lässt durch den Opfertod eines andern?
Hermann Kesten, amerik. Schriftsteller (1900 - 1996)

Wenn die Menschen nur deshalb gut sind, weil sie sich vor Strafe fürchten und auf Belohnung hoffen, sind wir wirklich ein armseliger Haufen.
Albert Einstein, Physiker (1879 - 1955)

Wenn Glaubensregeln den Menschenrechtsregeln widersprechen, haben sie grundsätzlich hinter diesen zurückzustehen.
Helge Nyncke, dt. Illustrator u. Autor (1956 -)

Wenn jeder Kreuzzugritter, jeder Scherge der Inquisition, jeder heilige Krieger, jeder Selbstmordattentäter ganz persönlich dafür gerade stehen müsste, was er tut, wenn er als Mensch andere Menschen tötet, [...] dann sähe diese Welt mit Sicherheit ganz anders aus.

Helge Nyncke, dt. Illustrator u. Autor (1956 -)

Wenn man sich auf der Welt umsieht, so muss man feststellen, dass jedes bisschen Fortschritt im humanen Empfinden, jede Verbesserung der Strafgesetze, jede Maßnahme zur Verminderung der Kriege, jeder Schritt zur besseren Behandlung der farbigen Rassen oder jede Milderung der Sklaverei und jeder moralische Fortschritt auf der Erde durchweg von den organisierten Kirchen der Welt bekämpft wurde. Ich sage mit vollster Überzeugung, dass die in ihren Kirchen organisierte christliche Religion der Hauptfeind des moralischen Fortschrittes in der Welt war und ist.

Bertrand Russell, engl. Philosoph u. Mathematiker (1872 - 1970)

Wenn muslimische Frauen ihr Leben hinter einem Schleier verbringen, sich in allem dem Mann unterwerfen und im Fall einer verbotenen Liebe mit Gefängnis, Auspeitschung, Steinigung oder Genickschuss rechnen müssen, kann man das nicht tolerieren. [...] Auch hier muss gelten: Menschenrechte vor Staatsrechten und Religionsvorschriften.

Helge Nyncke, dt. Illustrator u. Autor (1956 -)

Wer auch nur halbwegs redlich mit [...] „heiligen Texten" umgeht, der weiß, dass sie mit Humanität, mit der Gewährung von Menschenrechten, Demokratie, Meinungsfreiheit etc., herzlich wenig zu tun haben. Würden sich Küng und seine Anhänger nicht kontinuierlich selbst belügen, müssten sie zugeben, dass sämtliche religiösen Quellentexte weit unter dem ethischen Mindeststandard jeder halbwegs zivilisierten Gesellschaft stehen.

Michael Schmidt-Salomon, dt. Philosoph (1967 -)

Wer [...] im Sinne der Aufklärung für Wahrheit und Humanität wirken möchte, der kann und darf das offensichtlich Inhumane nicht tolerieren – auch dann nicht, wenn es sich auf eine Jahrhunderte alte „heilige" Tradition stützen kann.

Michael Schmidt-Salomon, dt. Philosoph (1967 -)

[Wer meint, er würde ohne Gott zum] Räuber, Vergewaltiger oder Mörder, der entlarvt sich selbst als unmoralischer Mensch, und wir wären gut beraten, um ihn einen großen Bogen zu machen.

Michael Shermer, amerik. Wissenschaftshistoriker (1954 -)

Wir haben eine doppelte Moral: eine, die wir predigen, aber nicht anwenden, und eine andere, die wir anwenden, aber nicht predigen.

Bertrand Russell, engl. Philosoph u. Mathematiker (1872 - 1970)

Wir sind nicht die gottgewollte „Krone der Schöpfung", sondern bloß ein Teil der Natur, und als solcher können wir unter gegebenen Bedingungen schlichtweg nicht anders sein, als wir sind.

Michael Schmidt-Salomon, dt. Philosoph (1967 -)

7. Glaube und Wissenschaft

Religion und Wissenschaft – zwei Bereiche, in denen die zugrundeliegenden Prinzipien unterschiedlicher nicht sein könnten. Hier religiöse Dogmen, unantastbare Glaubenswahrheiten, die es um jeden Preis zu verteidigen gilt. Dort ergebnisoffene Forschung, Neugier auf das Unbekannte, Lust am Entdecken sowie die Bereitschaft, bisherige Überzeugungen über Bord zu werfen, sobald bessere Erklärungsmodelle verfügbar sind.

Insofern sticht der Vorwurf nicht, „Wissenschaftsgläubigkeit" sei auch nicht viel anders als religiöser Glaube. Wer das behauptet, der hat den grundlegenden Unterschied zwischen den beiden, völlig inkompatiblen Denksystemen nicht verstanden. Dies ist ja gerade der Punkt: Der Gläubige „weiß", dass er Recht hat und im Besitz der endgültigen Wahrheit ist. Der Wissenschaftler hingegen ist sich der Begrenztheit seiner Methoden und Erkenntnisse bewusst und in der Lage, sie bei Bedarf zu korrigieren. Trotz (oder gerade wegen) dieser Einschränkungen ist der wissenschaftliche Zugang zur Realität das Beste, was zur Verfügung steht, um die Welt zu erklären und zu verstehen.

Eine immer wieder gerne wiederholte Formulierung lautet, die Wissenschaft könne uns zwar das „Wie" der Welt erklären, doch die Frage nach dem „Warum" bliebe der Religion vorbehalten. Das klingt nach einer sinnvollen Arbeitsteilung. Aus welchem Grund aber sollte die Religion überhaupt für die Beantwortung irgendeiner Frage qualifizierter sein als die Wissenschaft?

Auch sollte nicht vergessen werden, dass die Religion sich in der Vergangenheit sehr wohl die vollständige Erklärungshoheit über unsere Welt angemaßt hat. Welch naiven und gänzlich falschen Vorstellungen von ihr jahrhundertelang als unantastbare Wahrheit verkündigt wurden, muss hier nicht näher ausgeführt werden.

Ausschließlich der beharrlichen und unermüdlichen Arbeit mutiger Denker und Forscher ist es zu verdanken, dass die Menschheit aus dem finsteren Mittelalter des Unwissens ausgetreten ist und wir heute so vieles in der Natur verstehen und erklären können. Stück für Stück wurden die einstigen religiösen Welterklärungen zertrümmert. Nach jedem Rückzugsgefecht beriefen sich die Gläubigen auf die noch verbliebenen Rätsel unserer Welt und erklärten mit dem überheblichen Brustton der Überzeugung, dass für diese ausschließlich göttliches Wirken verantwortlich sein könne. Seit Jahren schon spricht man bereits von der „Wohnungsnot Gottes", da nicht mehr viele Ecken übrig sind, in denen er und sein Einfluss sich verstecken könnten. Papst Benedikt XVI. zog sich in dieser Frage zwangsläufig gar so weit zurück, dass er Gott lediglich noch für den „Anstoß" zum Urknall verantwortlich machte.

Nun, selbst dem Urknall sind die Forscher dicht auf der Spur – unter anderem am CERN in Genf, wo im Teilchenbeschleuniger LHC die extremen Bedingungen erforscht werden, die damals, bei der Geburt unseres Kosmos vor 13,8 Milliarden Jahren, geherrscht haben.

Möglicherweise werden auch die noch verbliebenen religiösen Welterklärungen bald aus diesem letzten Winkel unseres Kosmos hinweggefegt.

Alle großen Dinge beginnen als Gotteslästerung.
George Bernhard Shaw, irischer Schriftsteller (1856 - 1950)

Alle Versuche, den Glauben mit Wissenschaft und Vernunft zu versöhnen, sind [...] der Lächerlichkeit preisgegeben und zum Scheitern verurteilt.
Christopher Hitchens, amerik. Autor (1949 - 2011)

Angst glaubt, Mut zweifelt. Angst betet, Mut denkt. Angst ist Religion, Mut ist Wissenschaft.
Robert G. Ingersoll, amerik. Politiker (1833 - 1899)

Auch bei uns misstrauen viele Menschen der Schulmedizin. Ich finde Schulmediziner prima. Ich finde es schön, wenn mein Arzt eine Schule besucht hat.
Dieter Nuhr, dt. Kabarettist (1960 -)

Auf der Erde gibt es ebenso viele Offenbarungen wie Religionen. Überall haben die Menschen versucht, ihre Einbildungen durch die Autorität des Himmels zu stützen. Jede Offenbarung behauptet, sie beruhe auf unwiderlegbaren Beweisen. Jede erklärt, sie habe die höchste Gewissheit für sich. Ich prüfe sie und sehe, wie eine der anderen widerspricht und wie alle der Vernunft widersprechen.
Denis Diderot, franz. Philosoph u. Aufklärer (1713 - 1784)

Aufklärung ist heute von größter Wichtigkeit, niemand kann etwas dabei zu befürchten haben, wenn es heller in den Köpfen der Menschen wird – als vielleicht diejenigen, deren Interesse es ist, dass es dunkel darin sei und bleibe. Sie werden auch künftig, wie bisher, ihr möglichstes tun, alle Öffnungen, Fenster und Ritzen, wodurch Licht in die Welt kommen kann, zu verbauen, zu vernageln und zuzustopfen.

Christoph Martin Wieland, dt. Dichter (1733 - 1813)

Das aufklärerische Projekt einer Entzauberung der Welt verlieh dieser einen neuen, „rationalen Zauber". Bei Licht betrachtet, sind die Erkenntnisse der (Natur-) Wissenschaften faszinierender als jeder religiöse Schöpfungsmythos. Schon allein die evolutionsbiologisch gehärtete Tatsache, dass jeder von uns einen 4.000 Millionen Jahre alten „Lebensfunken" in sich trägt [...], stellt – wenn man sich die Ungeheuerlichkeit dieses Faktums bewusst macht – jeden überlieferten Mythos in den Schatten. Die Realität hat sich im Zuge ihrer systematischen Erforschung als geheimnisvoller und großartiger herausgestellt, als aller religiösen Spekulationen vergangener Epochen dies erahnen ließen.

Michael Schmidt-Salomon, dt. Philosoph (1967 -)

Das bisher favorisierte so genannte dualistische Modell von einem materiellen Körper und einem immateriellen Geist wird langsam und lautlos in der Versenkung verschwinden. Und damit wird auch das so genannte Leib-Seele-Problem, das über die Jahrhunderte die Köpfe von Philosophen und Theologen zum Glühen brachte, als Scheinproblem entlarvt werden.

Uwe Lehnert, dt. Bildungsinformatiker (1935 -)

Denken ist eine Anstrengung, Glauben ein Komfort.
Ludwig Marcuse, dt. Philosoph (1894 - 1971)

Der Darwinismus ist die Geschichte, wie die Menschheit von dem Irrglauben befreit wurde, ihr Schicksal werde nicht von ihr selbst, sondern von einer höheren Macht bestimmt.
Phillip E. Johnson, amerik. Autor (1940 -)

Der Fernsehjournalist P. Hahne: „Wenn Gott letztlich eine Erfindung des Gehirns ist, dann wären Pfarrer und Religionslehrer Volksverdummer [...] und Christen hätten demnach Jahrhunderte lang umsonst gehofft, gebetet, getröstet." Im Sinne P. Hahnes konsequent in die Geschichte zurückgedacht hieße das beispielsweise: Die Tatsache, dass die Erde keine Scheibe ist oder dass die Sonne sich nicht um die Erde dreht, wurde lange Zeit von den Menschen negiert, und zwar deshalb, weil sie sonst zugeben hätten müssen, sie hätten Jahrhunderte lang falsche Vorstellungen gehabt. Und diese Erkenntnis ist zu bitter, als dass sie akzeptiert werden könnte. Menschen haben häufig wissenschaftliche Erkenntnisse negiert, weil sie die Konsequenzen nicht ausgehalten haben.
Reinhold Miller, dt. Pädagoge u. Autor (1943 -)

Der Glaube an die Unsterblichkeit der menschlichen Seele ist ein Dogma, welches mit den sichersten Erfahrungssätzen der modernen Naturwissenschaft in unlösbarem Widerspruch steht.
Ernst Haeckel, dt. Naturforscher u. Philosoph (1834 - 1919)

Der Glaube versetzt Berge, der Zweifel erklettert sie.
Friedrich Georg Jünger, dt. Schriftsteller (1898 - 1977)

Der große Erfolg der Wissenschaften, ihr deutlicher, sich unter anderem in der Entwicklung der modernen Technologie manifestierender Vorsprung gegenüber religiösen Welterklärungsmodellen, beruht nicht zuletzt auf der fruchtbaren (naturalistischen) Unterstellung, dass es im Universum „mit rechten Dingen zugeht", dass weder Götter noch Dämonen noch Kobolde in die Naturgesetze eingreifen.
Michael Schmidt-Salomon, dt. Philosoph (1967 -)

Der Mensch ist das, was die Evolution als zufälliges Ergebnis hervorgebracht hat, er war weder geplant noch von irgendeiner Instanz „gewollt".
Uwe Lehnert, dt. Bildungsinformatiker (1935 -)

Der Naturalist hat zugestandenermaßen keine Antwort auf die Frage, warum es überhaupt etwas gibt und nicht vielmehr nichts. Doch der Theist steht in gleicher Weise vor der Frage, warum es einen Gott gibt und nicht vielmehr keinen.
John Leslie Mackie, austral. Philosoph (1917 - 1981)

Der Religion gehen die Rechtfertigungen aus. Dank des Fernrohrs und des Mikroskops hat sie keinerlei wichtige Erklärungen mehr zu bieten.
Christopher Hitchens, amerik. Autor (1949 - 2011)

Der Religion ist nur das Heilige wahr, der Philosophie nur das Wahre heilig.

Ludwig Feuerbach, dt. Philosoph (1804 - 1872)

Der Vorteil einer philosophischen Weltanschauung gegenüber einer Religion besteht darin, dass sie uns ermöglicht, falsche Ideen sterben zu lassen, bevor Menschen für falsche Ideen sterben müssen.

Michael Schmidt-Salomon, dt. Philosoph (1967 -)

Die Ablehnung wissenschaftlicher Aufklärung ist ein Wesensmerkmal der monotheistischen Religionen. Sie tendieren eindeutig zu geistiger Finsternis, um so ihre Märchen aufrechterhalten zu können.

Michael Onfray, franz. Philosoph (1959 -)

Die christliche Arroganz, in Gottes Namen das Wort für alles und jeden zu ergreifen, sich der eigenen dunklen Schatten großzügig zu entledigen und statt dessen pseudomodern mit fremden Federn zu schmücken, ist ein unwürdiger Verdummungsfeldzug quer durch unsere ganze Gesellschaft, ein Dauerfeuer gegen Vernunft und Menschenwürde, eine Beleidigung von Wissenschaft und Philosophie [...] und ein Affront gegen jedes aufgeweckte Kind.

Helge Nyncke, dt. Illustrator u. Autor (1956 -)

Die Früchte vom Baum der Erkenntnis sind es wert, daß man um ihretwillen das Paradies verliert.

Ernst Haeckel, dt. Naturforscher u. Philosoph (1834 - 1919)

Die Geschichte der Beziehung zwischen Wissenschaft und Christentum liefert eine beträchtliche Menge von Dummheiten und Idiotien. Von der Antike mit der Verwerfung der heliozentrischen Hypothese bis hin zur Verurteilung der modernen Genetik erstrecken sich 25 für die Menschheit vertane Jahrhunderte. Man wagt es gar nicht, sich vorzustellen, wie die westliche Welt ohne die langwierigen Schikanen für die Wissenschaft heute dastände.

Michael Onfray, franz. Philosoph (1959 -)

Die Gläubigen sind selten Denker und die Denker selten gläubig.

Hans Daiber, dt. Orientalist (1942 -)

[Die Intelligenz] ermöglicht es, unerwartete, aber reale Zusammenhänge zu erkennen, und liefert rationale, überzeugende Erklärungen, die sich auf klare Schlussfolgerungen stützen. Sie verwirft alle künstlichen Fiktionen und entzieht sich sämtlichen Mythen und Kindermärchen. Also: kein Paradies nach dem Tode, keine geretteten oder verdammten Seelen und kein Gott, der alles sieht und alles weiß. Geht es nach den Regeln der Vernunft, so verhindert die – a priori atheistische – Intelligenz jedes magische Denken.

Michael Onfray, franz. Philosoph (1959 -)

Die Kirche sagt, die Erde sei flach, aber ich weiß, sie ist rund, denn ich habe ihren Schatten auf dem Mond gesehen, und ich habe mehr Vertrauen in einen Schatten als in die Kirche.

Ferdinand Magellan, portug. Seefahrer (1480 – 1521)

Die Priester der verschiedenen religiösen Sekten [...] fürchten den Fortschritt der Wissenschaft wie die Hexen den Anbruch des Tages und blicken finster auf den tödlichen Boten, welcher die Zerstörung der Bauernfängerei ankündigt, von der sie leben.

Thomas Jefferson, dritter Präsident der USA (1743 - 1826)

Die religiöse Weltsicht ist vom Grundsatz her nicht kompatibel mit einer modernen, aufgeklärten und selbstbestimmten Gesellschaftsordnung.

Helge Nyncke, dt. Illustrator u. Autor (1956 -)

Die sonntägliche Messe hat sich noch nie als ein Ort ausgezeichnet, an dem hochgeistige Reflexionen und Analysen oder ein außergewöhnlicher Kultur- und Wissensaustausch stattfindet, ebenso wenig der Religionsunterricht.

Michael Onfray, franz. Philosoph (1959 -)

Die Stärke und Überlebensfähigkeit unserer westlichen Gesellschaft wird angesichts der Bedrohungen durch einen mittelalterlich geprägten Islam aber keinesfalls in einer Wiederbelebung und Stärkung des christlichen Glaubenssystems bestehen. Nur die inzwischen wieder ins Blickfeld gerückten Intentionen der Aufklärung und eine konsequente Wissenschaftsorientierung in der Bildung werden uns die Chance erhalten, als freie Gesellschaft zu überleben.

Uwe Lehnert, dt. Bildungsinformatiker (1935 -)

Die Tatsache, dass wir die Existenz von etwas weder beweisen noch widerlegen können, hebt die Existenz und Nichtexistenz dieses Etwas nicht in den gleichen Rang.

Richard Dawkins, brit. Evolutionsbiologe (1941 -)

Die uralte Mahnung der Genesis, seinem Wissensdurst und Entdeckungsdrang Einhalt zu gebieten und sich statt dessen auf den Glauben, den Gehorsam und die Unterwerfung zu beschränken, trägt auch nicht dazu bei, die Debattierfreude zu fördern.

Michael Onfray, franz. Philosoph (1959 -)

Die Vernunft ist das größte Hindernis in Bezug auf den Glauben.

Martin Luther, dt. Reformator (1483 - 1546)

Die Wahrheit, so erstaunlich einem das auch erscheinen mag, ist, dass ein Mensch im Jahr 2007 über geistige und materielle Mittel verfügen kann, die ausreichen, um eine Atombombe zu bauen, aber dennoch überzeugt sein kann, dass zweiundsiebzig Jungfrauen im Paradies auf ihn warten.

Sam Harris, amerik. Schriftsteller (1967 -)

Die Welt besteht durch die Zufriedenen; aber sie schreitet fort durch die Unzufriedenen.

Upton Sinclair, amerik. Schriftsteller (1878 - 1968)

Die Wissenschaft hat in einhundert Jahren mehr für ein zivilisiertes Leben getan als das Christentum in achtzehnhundert Jahren.

John Burroughs, amerik. Dichter (1837 - 1921)

Erstaunlich, wie die Kirche auf Seiten des Scheiterns steht! Die Beständigkeit, mit der sie sich irrt, auf dem Todestrieb beharrt und die Wahrheit, die lebendige Forschung und den dynamischen Fortschritt ablehnt, ist nach wie vor verblüffend. Paulus' Aufruf zur Vernichtung der Wissenschaft spiegelt sich in sämtlichen kirchlichen Stellungnahmen gegen wissenschaftliche erwiesene Wahrheiten: die atomistische Theorie und deren materialistische Variante, die heliozentrische Astronomie, die geologische Bestimmung des Alters der Erde, die Evolutionstheorie, die Psychoanalyse, die Genetik usw.

Michael Onfray, franz. Philosoph (1959 -)

Es gibt noch eine weitere Art der Versuchung, die noch stärker mit Gefahren verbunden ist. Es ist die Krankheit der Neugier. Sie treibt uns dazu, dass wir die Geheimnisse der Natur aufdecken wollen, jene Geheimnisse, die außerhalb unseres Verständnisses liegen, die uns nichts nützen und die zu kennen wir uns nicht wünschen sollten.

Augustinus, Kirchenlehrer (354 - 430)

Es ist tragisch und potentiell tödlich, dass ausgerechnet diejenigen, denen die Naturwissenschaften und die freie Forschung am tiefsten verhasst sind, die fortschrittlichsten Produkte dieser Forschung stehlen konnten, um sie in den Dienst ihrer kranken Träume zu stellen.

Christopher Hitchens, amerik. Autor (1949 - 2011)

Für den Aufklärer muss 2+2=4 bleiben - selbst wenn eine Mehrheit die Gleichung 2+2=22 ästhetisch adretter finden sollte.

Michael Schmidt-Salomon, dt. Philosoph (1967 -)

Geist und Bewusstsein - wie einzigartig sie von uns auch empfunden werden - fügen sich [...] in das Naturgeschehen ein und übersteigen es nicht. [Sie] sind nicht vom Himmel gefallen, sondern haben sich in der Evolution der Nervensysteme allmählich herausgebildet. Das ist vielleicht die wichtigste Erkenntnis der modernen Neurowissenschaften.

„Das Manifest" - Elf führende Neurowissenschaftler über Gegenwart und Zukunft der Hirnforschung, 2004

Gerade in Krisenzeiten, wenn sich andeutet, dass die Rezepte von gestern für die Probleme von heute und erst recht von morgen womöglich nicht mehr die richtigen sind, müssten Entscheidungen gefällt werden, die so mutig sind, auch mit alten, aber eben nicht bewährten Traditionen zu brechen.

Helge Nyncke, dt. Illustrator u. Autor (1956 -)

Glaube nicht allzu schnell, nicht keinem, nicht allen, nicht alles! Forsche, vergleich', erwäg's; finde die Wahrheit heraus!

Friedrich Haug, dt. Dichter (1761 - 1829)

Glauben und Wissen verhalten sich wie zwei Schalen einer Waage: in dem Maße, als die eine steigt, sinkt die andere.

Arthur Schopenhauer, dt. Philosoph (1788- 1860)

Glauben und Wissen vertragen sich nicht wohl im selben Kopfe: Sie sind darin wie Wolf und Schaf in einem Käfig.

Arthur Schopenhauer, dt. Philosoph (1788- 1860)

Hätte man Verstand, brauchte man keine Götter.

Decimus Iunius Juvenal, röm. Dichter (ca. 58 - 138)

Heute teile ich die Ansicht, dass Theologie keine Wissenschaft ist, sondern ein als Wissenschaft getarntes Ritual. Denn die Theologie ist ein Wissen ohne Wissen.

Reinhold Miller, dt. Pädagoge u. Autor (1943 -)

Ich glaube an die Wissenschaft und die Vernunft als einzige Möglichkeit, unser Universum zu verstehen. Ich glaube nicht an Wesenheiten, die mit der Wissenschaft nicht erreichbar oder „übernatürlich" sind. Ich glaube jedenfalls nicht an religiöse Mythen, an Himmel und Hölle, Gott und Satan, Engel und Dämonen.

Isaac Asimov, russ.- amerik. Biochemiker und Science-Fiction-Autor (1920 - 1992)

Im christlichen Glauben hat die Vernunft nichts zu suchen und die Naturwissenschaft nichts zu melden.

Klaus Berger, dt. Theologe (1940 -)

Ist ein Sonnenuntergang am Meer weniger schön und beeindruckend, wenn ich mir erklären kann welche physikalischen und psychologischen Prozesse dem zu Grunde liegen? Wer das bejaht, wünscht sich den Zustand paradiesischer Unkenntnis und Unschuld zurück.

Uwe Lehnert, dt. Bildungsinformatiker (1935 -)

Je religiöser ein Mensch, desto mehr glaubt er; je mehr er glaubt, desto weniger denkt er; je weniger er denkt, desto dümmer ist er; je dümmer er ist, desto leichter kann er beherrscht werden. Das gilt für Sektenmitglieder ebenso wie für die Anhänger der großen Weltreligionen mit gewalttätig intolerantem „Wahrheits"-Anspruch. Dagegen hilft, auf Dauer, nur Aufklärung.

Adolf Holl, österr. Theologe (1930 -)

Jeder aufrechte Geist wird zugeben, dass er nicht weiß, warum das Universum existiert. Ein Wissenschaftler ist natürlich sofort bereit, seine Unwissenheit in diesem Punkt einzugestehen, ein Frommer ist es nicht.

Sam Harris, amerik. Schriftsteller (1967 -)

Keine der bestehenden Religionen ist mit den Ergebnissen der wissenschaftlichen Forschung noch in Einklang zu bringen! Nie zuvor in der Geschichte der Menschheit trat die Unvereinbarkeit von religiösem Glauben und wissenschaftlichem Denken so deutlich zum Vorschein wie in unseren Tagen.

Michael Schmidt-Salomon, dt. Philosoph (1967 -)

Konfrontiert mit ungeahnten Erkenntnissen über unser noch in der Entwicklung befindliches Gehirn, die entfesselten Bereiche des bekannten Universums und die Proteine und Säuren, aus denen wir bestehen, hat die Religion den Untergang im Namen Gottes anzubieten oder das falsche Versprechen, dass wir, wenn wir unsere Vorhaut mit dem Messer traktieren, in die richtige Himmelsrichtung beten oder eine Hostie zu uns nehmen, „errettet" werden.

Christopher Hitchens, amerik. Autor (1949 - 2011)

Lass uns hoffen, dass es nicht wahr ist, aber falls doch, lass uns beten, dass es nicht allgemein bekannt wird.

Ehefrau des Bischofs von Worcester, im Jahre 1860 über Darwins Thesen

Lepra, Malaria, Pest und Krebs [...] haben über die Jahrtausende Hunderte von Millionen Menschen erbärmlich dahinvegetieren lassen und um Lebensglück und Leben gebracht. Die Hilferufe nach oben zu Gott wendeten das Schicksal der Betroffenen nicht, erst moderne Wissenschaft und Medizin waren in der Lage, hier eine entscheidende, wenn auch noch keine vollständige Hilfe zu leisten.

Uwe Lehnert, dt. Bildungsinformatiker (1935 -)

Literaturwissenschaften, Archäologie, Physik und Molekularbiologie – sie alle haben nicht nur nachgewiesen, dass religiösen Mythen falsch und menschgemacht sind, sondern sie bieten uns auch bessere und fundiertere Erklärungen der Welt.

Christopher Hitchens, amerik. Autor (1949 - 2011)

Natürlich ist eine religiöse Organisation kein aufklärerischer Debattierclub, in dem das bessere, humanere, fortschrittlichere Argument zählt. Wer von göttlich offenbarter Wahrheit ausgeht, kann nicht plötzlich einlenken, die Überlegenheit weltlicher Argumente anerkennen und sagen: „Uups, da haben wir uns wohl geirrt."

Michael Schmidt-Salomon, dt. Philosoph (1967 -)

Nun ist es zwar richtig, dass sich die Religionen nicht scheuen, [...] existentielle Antworten zu geben, allerdings darf doch stark bezweifelt werden, dass ausgerechnet sie, die ja schon bei den einfachsten irdischen Wahrheiten kläglich versagten (man erinnere sich nur an die Mär von der „Erde als Mittelpunkt des Universums" oder an die angeblich nur wenige Jahrtausende umfassende „Schöpfungsgeschichte" etc.), im Falle der so genannten höheren Wahrheiten nennenswerte Treffer landen können.

Michael Schmidt-Salomon, dt. Philosoph (1967 -)

Religionen stehen im Widerspruch zu allem, was ich verehre: Mut, Ehrlichkeit, klares Denken und vor allem Liebe zur Wahrheit.

H. L. Mencken, amerik. Satiriker (1880 - 1953)

Religiöses Denken gibt sich mit dem Inseldasein unseres Bewusstseins zufrieden und philosophiert vom Strand aus über die Beschaffenheit des Horizonts und das, was vielleicht dahinter sein mag. Wissenschaftliches Denken baut Schiffe, sticht in See und guckt nach.

Helge Nyncke, dt. Illustrator u. Autor (1956 -)

Rückblickend betrachtet hat die Kirche in ihren Auseinandersetzungen mit der Wissenschaft ein Rückzugsgefecht nach dem
anderen angetreten und stets endgültig verloren.
Uwe Lehnert, dt. Bildungsinformatiker (1935 -)

Sage und schreibe 53 % aller Amerikaner bezeichnen sich als
Kreationisten. Das heißt, über die Hälfte der amerikanischen
Bevölkerung ist ungeachtet eines ganzen Jahrhunderts an wissenschaftlichen Erkenntnissen, die das hohe Alter von Lebens-
formen und das noch höhere der Erde bestätigen, nach wie vor
davon überzeugt, dass der Kosmos vor 6.000 Jahren erschaffen
worden sei. Das wäre rund 1.000 Jahre nach Erfindung des
Klebstoffs durch die Sumerer gewesen.
Sam Harris, amerik. Schriftsteller (1967 -)

Sämtliche Schöpfungsmythen sämtlicher Völker dieser Welt
sind seit Langem widerlegt und wurden vor nicht allzu langer
Zeit von ungleich schlüssigeren und faszinierenderen Erklärun
gen abgelöst.
Christopher Hitchens, amerik. Autor (1949 - 2011)

Schon eine Diskussionsrunde zwischen den beiden Richtungen
kann von vorneherein nicht auf Augenhöhe geführt werden,
wenn eine Seite quasi alle Argumente auf den Tisch legt, die
andere Seite aber bestimmte Anteile ihres Konzepts schlicht
zum Tabu und damit für nicht diskutabel erklärt und einfach
behauptet, Glaubensfragen entzögen sich per se der wissenschaftlichen Auseinandersetzung.
Helge Nyncke, dt. Illustrator u. Autor (1956 -)

Schüttle alle Angst vor den unterwürfigen Vorurteilen ab, unter denen sich schwache Geister so demütig ducken. Setze die Vernunft fest in ihren Sattel und rufe sie als Richterin für alle Tatsachen und jede Meinung an. Stelle voller Kühnheit sogar die Existenz Gottes in Frage; denn wenn es ihn geben sollte, muss er der Reverenz an die Vernunft mehr Zustimmung zollen als blinder Furcht.

Thomas Jefferson, dritter Präsident der USA (1743 - 1826)

Soweit ich weiß, wird in keinem Kirchenlied das hohe Lied der Intelligenz gesungen.

Bertrand Russell, engl. Philosoph u. Mathematiker (1872 - 1970)

Unsere Stellung im Universum ist so unvorstellbar bedeutungslos, dass wir sie mit unserer lächerlichen Ausstattung von drei Pfund Gehirnmasse nicht erschöpfend begreifen können. Nicht minder schwer fällt die Erkenntnis, dass unsere Anwesenheit auf der Erde womöglich ein Produkt des Zufalls ist.

Christopher Hitchens, amerik. Autor (1949 - 2011)

Während Wissenschaftler wissen, dass sie nur etwas „glauben" (=für „wahr" halten), was heute angemessen erscheint, morgen aber möglicherweise schon überholt ist, glauben Gläubige, etwas zu wissen, was auch morgen noch gültig sein soll, obwohl es in der Regel schon heute widerlegt ist.

Michael Schmidt-Salomon, dt. Philosoph (1967 -)

Warum werden die Verfechter eines atomistischen Weltbilds von der Kirche so unerbittlich verfolgt? [...] Weil die Anerkennung der Materie als einzige Realität unweigerlich zu einem materiellen Gott führt. Damit werden all seine spirituellen, zeitlosen und immateriellen Eigenschaften - wesentliche Merkmale des christlichen Gottes - verneint. Der unantastbare Gott, wie ihn das Juden- und Christentum aufgebaut hat, steht als Ruine da.

Michael Onfray, franz. Philosoph (1959 -)

Was die Welt braucht, ist nicht ein Dogma, sondern eine Bejahung der wissenschaftlichen Forschung zusammen mit dem Glauben, dass die Qualen von Millionen nicht wünschenswert sind, ob sie nun von Stalin oder einer Gottheit, die sich der Gläubige als sein Ebenbild vorstellt, verhängt werden.

Bertrand Russell, engl. Philosoph u. Mathematiker (1872 - 1970)

Was ohne Beweis behauptet werden kann, kann auch ohne Beweis abgelehnt werden

Christopher Hitchens, amerik. Autor (1949 - 2011)

Was Sie über meine religiösen Überzeugungen lesen, ist natürlich eine Lüge, und zwar eine, die systematisch wiederholt wird. Ich glaube nicht an einen persönlichen Gott und habe das auch nie verhehlt, sondern immer klar zum Ausdruck gebracht. Wenn in mir etwas ist, das man als religiös bezeichnen kann, so ist es die grenzenlose Bewunderung für den Aufbau der Welt, so weit unsere Wissenschaft ihn offenbaren kann. Das Wort Gott ist für mich nichts als Ausdruck und Produkt menschlicher Schwächen, die Bibel eine Sammlung ehrwürdiger, aber doch reichlich primitiver Legenden. Keine noch so feinsinnige Auslegung kann etwas daran ändern. [...] Für mich ist die unverfälschte jüdische Religion wie jede andere der Inbegriff des kindischsten Aberglaubens.

Albert Einstein, Physiker (1879 - 1955)

Was wir heute über unsere Natur wissen, konnten die Religionsgründer nicht einmal ahnen, und gewiss hätte ihnen dieses Wissen die hochmütige Sprache verschlagen.

Christopher Hitchens, amerik. Autor (1949 - 2011)

Wenn der Glaube nur versprochen hat, Berge zu versetzen, so ist die Technik, die nichts „auf Treu und Glauben" hinnimmt, tatsächlich imstande, Berge abzutragen und zu versetzen.

Leo Trotzki, russ. Revolutionär (1879 - 1940)

Wenn ihr nicht versteht, wie etwas funktioniert – macht euch nichts draus. Gebt einfach auf und sagt, dass Gott es gemacht hat. Ihr wisst nicht, wie ein Nervenimpuls zustande kommt? Gut! Ihr versteht nicht, wie Erinnerungen im Gehirn gespeichert werden? Ausgezeichnet! Die Photosynthese ist ein atemberaubend komplexer Prozess? Hervorragend! Bitte arbeitet nicht weiter an solchen Fragen! Gebt einfach auf und beruft euch auf Gott! Lieber Wissenschaftler, steck bitte keine Arbeit in deine Fragestellungen! Gib uns einfach ein Rätsel, die können wir gut gebrauchen. Verspiel nicht dein kostbares Unwissen, indem du es durch Forschung verminderst. Wir brauchen diese prachtvollen Lücken – als letzte Zuflucht für Gott.

Richard Dawkins, brit. Evolutionsbiologe (1941 -), zum „Intelligent Design"

Wer ein Christ sein will, der steche seiner Vernunft die Augen aus.

Martin Luther, dt. Reformator (1483 - 1546)

Wer heute immer noch mit Stolz darauf hinweist, dass das ererbte uralte Wissen unserer bronzezeitlichen Ahnen über die magischen Zusammenhänge zwischen Mondphasen und Geburtenraten [...] uns ein wunderbar geregeltes Leben nach dem Mondkalender ermöglicht, der verdient allenfalls unsere Toleranz oder unser Mitgefühl. Aber Respekt oder Anerkennung für obskure Theorien, deren Stichhaltigkeit in zahlreichen wissenschaftlichen Studien eindeutig widerlegt wurde, darf man von aufgeklärten Menschen nicht erwarten. Altes Wissen ist nicht per se auch ehrwürdig. Im Gegenteil, das „Wissen" aus einer Zeit, als die Menschen noch gar nicht so viel wissen konnten, sollte uns vielleicht historisch interessant, aber zugleich in höchstem Maße fragwürdig erscheinen. Immerhin wissen wir inzwischen, dass die Erde keine Scheibe ist.

Helge Nyncke, dt. Illustrator u. Autor (1956 -)

Wer in Glaubenssachen den Verstand befragt, kriegt nichtchristliche Antworten.

Wilhelm Busch, dt. Dichter (1832 - 1908)

Wer nichts weiß, muß alles glauben.

Marie von Ebner-Eschenbach, österr. Erzählerin (1830 - 1916)

Wer Zeuge eines [Wunders] wird, kann zwei Schlüsse ziehen. Der erste ist, dass die Naturgesetze - zum eigenen Vorteil -

außer Kraft gesetzt wurden. Der zweite ist, dass man einem Irrtum oder einer Sinnestäuschung unterliegt. Es gilt abzuwägen, welche der beiden Möglichkeiten wahrscheinlicher ist.
Christopher Hitchens, amerik. Autor (1949 – 2011)

Wie kann man den Eintritt ins Erwachsenenalter erlauben, wenn man gleichzeitig den Gebrauch der Vernunft im Bereich des Religiösen verbietet, das sich so sehr darüber freut, es mit geistig Unmündigen zu tun zu haben?
Michael Onfray, franz. Philosoph (1959 -)

Wir Atheisten sehen das genauso: Wir müssen auf Entdeckungen gefasst sein, die uns intellektuell noch stärker erschüttern als die gewaltigen Wissensfortschritte seit Darwin und Einstein. Auch diese Entdeckungen aber werden das Ergebnis geduldiger, sorgfältiger und (diesmal hoffentlich) ungehinderter Forschung sein. Unterdessen müssen wir unseren Verstand schärfen, um in mühevoller Kleinarbeit die neuesten Dummheiten zu widerlegen, die von den Gottesleuten ausgeheckt werden.
Christopher Hitchens, amerik. Autor (1949 – 2011), zum Hamletzitat, nach dem es im Himmel und auf Erden mehr Dinge gibt, als der einfache Mensch sich träumt

Wir können nicht den Glauben an einen himmlischen Schöpfungsakt bewahren und ihn zugleich mit unserem Wissensdurst und unserer Erkenntnisfähigkeit ständig widerlegen und auseinandernehmen. Entweder oder. Nicht wenige zögernde Zeitgenossen aber drücken sich vor dieser Entscheidung in ihrer allerletzten Konsequenz und bewahren sich lieber einen klitzekleinen, das einsame Herz erwärmenden Miniaturglaubensrest, weil ihnen das Opfer, alle Hoffnung auf ein paradiesisches, ewiges [...] Jenseits endgültig fahren lassen zu müssen, einfach zu groß erscheint.

Helge Nyncke, dt. Illustrator u. Autor (1956 -)

Wir sollten keine Überzeugung annehmen, zu der uns nicht die Vernunft geführt hat. Denn Glaube ohne Prüfung der Gründe ist der sicherste Weg, sich selbst zu betrügen.

Kelsos, antiker Philosoph (2. Jh. n. Chr.)

Wir verdanken unseren Wohlstand der Entscheidung, Wissenschaft zu treiben.

Ernst Peter Fischer, dt. Wissenschaftshistoriker (1947 -)

Wissenschaft fliegt uns zum Mond.
Religion fliegt uns in Gebäude.

Victor John Stenger, amerik. Physiker (1935 - 2014)

Wissenschaftler arbeitet sich langsam, aber stetig durch Tonnen von Messdaten, um Hypothesen zu beweisen und zu widerlegen, und was sie da letzten Endes produzieren, ist löffelweise Gewissheit. Sie ist viel schwerer zu erlangen als unbelegte Domen, an die man glauben soll, weil schon so viele Menschen so lange daran glauben. Die Gewissheit ist unendlich wertvoller. Projekte wie das Hubble Space Telescope oder der Large Hadron Collider in Genf sind überwältigende Zeugnisse menschlichen Strebens nach dieser Gewissheit.

Burger Voss, dt. Lebensmittelchemiker (1976 -)

Wissenschaftliches Wissen ist religiösem Glauben gerade deshalb überlegen, weil es um die eigene Beschränktheit weiß.
Michael Schmidt-Salomon, dt. Philosoph (1967 -)

Wo es an Wissen fehlt, gibt der Glaube erfundene Antworten.
David Hume, schott. Philosoph (1711 - 1776)

Wo immer religiöse Systeme ein Gemeinwesen beherrschen, wird Wissen und Bildung, also die Grundvoraussetzung für Bewusstsein, unterdrückt. Wo dagegen Wissen und Bildung einen hohen Stellenwert haben, ist Religion auf dem Rückzug.
Helge Nyncke, dt. Illustrator u. Autor (1956 -)

8. Atheismus

Du bist Atheist? Weißt du denn nicht, welches Unglück durch Atheisten wie Hitler oder Stalin über die Welt gekommen ist? Und außerdem – was ist, wenn es doch ein Weiterleben nach dem Tod und ein Jüngstes Gericht gibt? Willst du dieses Risiko eingehen?"

Solche und ähnliche kopfschüttelnde Reaktionen erlebt man, wenn man sich als Atheist „outet". Oft wird noch in einem Nebensatz darauf hingewiesen, dass man als Atheist das ehrenamtliche und soziale Engagement von Millionen Gläubigen in aller Welt in Frage stellen würde. Dem ist selbstverständlich nicht so. Wenn jemand Gutes tut, so ist das anerkennenswert, unabhängig von seiner Weltanschauung.

Um ein guter Mensch zu sein, um ein glückliches, sinnerfülltes Leben zu führen, braucht es freilich die Religion nicht. Und der ebenso alte wie falsche Vorwurf, Atheismus führe zu Untaten, wie wir sie von den oben genannten Diktatoren kennen, wird durch ständiges Nachplappern nicht wahrer.

Was das Risiko betrifft, dass wir uns nach dem Tod tatsächlich einem höheren Wesen gegenübersehen: Die Unzulänglichkeiten der sogen. „Pascalschen Wette" wurden schon mehrfach in der Literatur dargelegt. An dieser Stelle sei nur so viel dazu gesagt: Wer nach gründlicher Abwägung zur Einsicht kommt, dass höchstwahrscheinlich kein Gott und kein Jenseits existiert, wird sich schwerlich zu einem vorgetäuschten Glauben durchringen können, nur um im unwahrscheinlichen Falle eines Falles besser dazustehen. Wartet am Ende unserer Tage tatsächlich der Weltenschöpfer auf uns, sollte dieser einer aufrichtigen, aufgeklärten Weltanschauung mehr Anerkennung zollen als blindem bzw. berechnendem Glauben.

Die atheistische Weltanschauung beschränkt sich entgegen landläufiger Vorurteile nicht auf eine lediglich negierende Haltung – die Verneinung der Gottesexistenz – sondern geht in fast allen Fällen einher mit einer positiven, lebensbejahenden, humanistischen Lebenseinstellung, die sich der Wissenschaft, Kunst und Philosophie zuwendet. Und wer sich über die Endlichkeit seines Lebens im Klaren ist, lebt dieses wahrscheinlich einzige Leben, das wir haben – das Leben im Diesseits – mit Sicherheit bewusster.

Zweifler und Atheisten sollten sich nicht verstecken, sondern bei Diskussionen und gesellschaftlichen Debatten offen für ihre Überzeugungen eintreten. Es gibt keinen Grund zu schweigen und denen das Feld kampflos zu überlassen, die keinerlei Belege für ihre abenteuerlichen Behauptungen vorweisen können.

Alle Menschenverachtung hat ihre Ursache in der Gotteslästerung.
Kardinal Joachim Meisner, Erzbischof von Köln (1933 -)

Atheist zu sein ist nichts, wofür man sich entschuldigen müsste. Im Gegenteil: Man kann stolz darauf sein und hocherhobenen Hauptes bis zum Horizont blicken, denn Atheismus ist fast immer ein Zeichen für eine gesunde geistige Unabhängigkeit und sogar für einen gesunden Geist.
Richard Dawkins, brit. Evolutionsbiologe (1941 -)

Das althergebrachte Bild vom unmoralischen Atheisten ohne Glauben und ethische Grundsätze hält sich hartnäckig. [...] und so bringt man Tod, Hass und Elend gerne mit Menschen in Verbindung, die sich auf die Abwesenheit Gottes berufen. [...] Dieser Irrtum hat es verdient, nach allen Regeln der Kunst zerpflückt zu werden, denn mir scheint eher das Gegenteil der Fall zu sein.
Michael Onfray, franz. Philosoph (1959 -)

Das Beste, was das Christentum hervorgebracht hat, sind seine Ketzer.
Ernst Bloch, dt. Philosoph (1885 - 1977)

Der Atheismus ist ein Zeichen, dass man die Religion ernst nimmt.
Karl Raimund Popper, engl. Philosoph u. Wissenschaftslogiker (1902 - 1994)

Der Atheismus setzt die Abkehr von allem Transzendenten voraus, und zwar ohne Ausnahme.
Michael Onfray, franz. Philosoph (1959 -)

Der Atheist? Ein vor Gott freier Mensch. Diese Freiheit schließt bald auch die Leugnung von dessen Existenz mit ein.
Michael Onfray, franz. Philosoph (1959 -)

Der Atheist ist das größte Kompliment, das Gott sich selbst zollt: Er schafft ein Wesen, das stark genug ist, von ihm abzusehen.
Ernst Wilhelm Eschmann, dt. Schriftsteller (1904 - 1987)

Der Nationalsozialismus ist weder antikirchlich noch antireligiös, sondern im Gegenteil, er steht auf dem Boden eines wirklichen Christentums.
Der Katholik Adolf Hitler (1889 - 1945)

Die Gottlosen sind die Ursache für alles Leid und Elend auf diesem Planeten.
Georg Todoroff, dt. Mathematiker und fundamentalistisch Bibelgläubiger (1949 -)

Die pompöse Absurdität einer Pilgerreise und die horrende Tötung von Menschen im Namen einer heiligen Mauer, einer Höhle, eines Schreins oder eines Steins ersetzen wir [Atheisten] durch den lässigen, vielleicht auch eiligen Gang vom einen

Ende der Bibliothek zum anderen oder zum Mittagessen in netter Gesellschaft auf der Suche nach Wahrheit und Schönheit.
Christopher Hitchens, amerik. Autor (1949 - 2011)

Die Welt hat weniger unter Zweiflern als vielmehr unter Menschen gelitten, die vorgaben, im Besitze der Wahrheit zu sein. Kein Agnostiker hat je einen Heiden, Ketzer oder Ungläubigen verbrannt.
Daniel J. Boorstin, amerik. Historiker (1914 - 2004)

Die Welt wäre erstaunt, wenn sie wüsste, welch großer Anteil ihrer hellsten Zierde, derer, die selbst nach der volkstümlichen Einschätzung von Weisheit und Tugend am angesehensten sind, der Religion ganz und gar skeptisch gegenüberstehen.
John Stuart Mill, engl. Philosoph (1806 - 1873)

Ein Atheist ist ein Mensch, der findet, dass der Mord an einem einzigen kleinen Mädchen selbst dann, wenn er nur einmal alle Millionen Jahre geschähe, Zweifel an der Vorstellung von einem gütigen Gott rechtfertigt.
Sam Harris, amerik. Schriftsteller (1967 -)

Ein Atheist ist einfach nur ein Mensch, der findet, dass die 260 Millionen Amerikaner (87 % der Bevölkerung), die angeben, „niemals" an der Existenz Gottes zu zweifeln, verpflichtet werden müssten, Beweise für seine Existenz vorzulegen.
Sam Harris, amerik. Schriftsteller (1967 -)

Es ist mehr als nur etwas Großartiges an dieser Sicht des Lebens, auch wenn sie manchmal düster und kalt zu sein scheint, solange man unter der Schmusedecke des Unwissens steckt. Man kann eine große Erfrischung daraus beziehen, wenn man aufsteht und das Gesicht direkt in den starken, schneidenden Wind des Verstehens hält.

Richard Dawkins, brit. Evolutionsbiologe (1941 -)

Es ist möglich, dass sich die Menschheit an der Schwelle eines goldenen Zeitalters befindet, wenn dies jedoch der Fall ist, muss zuerst der Drache getötet werden, der den Eingang bewacht, und dieser Drache ist die Religion.

Bertrand Russell, engl. Philosoph u. Mathematiker (1872 - 1970)

Es scheint manchen Christen neu oder unvorstellbar zu sein, dass es vorbildliches Leben auch außerhalb des Glaubens an Gott gibt.

Reinhold Miller, dt. Pädagoge u. Autor (1943 -)

Es sind nicht die Gottlosen, es sind die Frommen seiner Zeit gewesen, die Christus ans Kreuz schlugen.

Freiin Gertrud von Le Fort, dt. Schriftstellerin (1876 – 1971)

Gott machte aus mir einen Atheisten. Wer bist du, dass du seine Weisheit in Frage stellst?

unbekannt

Ich betrachte es nicht als Beleidigung, sondern als Kompliment, Agnostiker genannt zu werden. Ich gebe nicht vor, etwas zu wissen, wovon lediglich Ignoranten meinen, es zu wissen.
Clarence Darrow, amerik. Anwalt (1857 - 1938)

Ich erhoffe nichts. Ich fürchte nichts. Ich bin frei.
Nikos Kazantzakis, griech. Schriftsteller (1883 - 1957)

Jeder vernünftige Verstand beginnt mit einem lebensbejahenden Atheismus. Er befreit die Seele von Aberglauben, Schrecken, Duckmäusertum, gemeiner Willfährigkeit und Heuchelei und schafft Raum für das Licht des Himmels.
George Bernhard Shaw, irischer Schriftsteller (1856 - 1950)

Man sollte also endlich aufhören, das Übel auf dieser Welt mit dem Atheismus in Verbindung zu bringen! Die Existenz Gottes führte meines Erachtens in deutlich mehr Fällen der Weltgeschichte zu Schlachten, Massakern, Konflikten und Kriegen in seinem Namen als zum Frieden, zur Nächstenliebe, zur Vergebung und zur Toleranz.
Michael Onfray, franz. Philosoph (1959 -)

Religionsfreiheit meint nicht nur das Recht, sich aus freiem Entschluss [...] einer Religion anschließen zu können, sondern auch das Recht, sofern man dies will, gänzlich frei von Religion leben zu können, das heißt sich gegebenenfalls auch von jener Glaubenskultur abzuwenden, in die man als Kind zufälligerweise hineingeboren wurde.
Michael Schmidt-Salomon, dt. Philosoph (1967 -)

Selbst zu denken, zu entscheiden und zu handeln als soziales Wesen mit Verantwortung ist oft schwerer als die Verantwortung abzugeben und von anderen diktierten Regeln zu folgen, deren Befolgung auch noch als Belohnung das ewige Paradies verheißt.

Mina Ahadi, Menschenrechtsaktivistin (1956 -)

Von der Menschheit offen bekannter Unglaube ist etwas ganz Neues und wird sich noch weiter ausbreiten. Weil er etwas so neues ist, steckt die nichtreligiöse Ethik noch in den Anfängen. Wir können noch nicht sagen, ob wir uns – wie in der Mathematik – alle einigen werden. Aber weil wir nicht wissen können, wie sich die Ethik entwickeln wird, ist es nicht unvernünftig, sich großen Hoffnungen hinzugeben.

Derek Parfit, brit. Philosoph (1942 -)

Während Atheisten sich für gewöhnlich mit Hingabe an den Positionen der Gläubigen abarbeiten, ignorieren [christliche Autoren] die vielfältigen Einwände der Ketzer vollständig.

Peter Henkel, dt. Philosoph u. Journalist (1942 -)

Wann gab es die letzten Krawalle des atheistischen Mobs?

Sam Harris, amerik. Schriftsteller (1967 -)

Was für eine schlaue Erschleichung und hinterlistige Insinuation in dem Wort Atheismus liegt! – als verstände der Theismus sich von selbst.

Arthur Schopenhauer, dt. Philosoph (1788- 1860)

Wenn ein Gott existierte und wenn dieser ein von Gerechtigkeit, Vernunft und Güte erfülltes Wesen wäre, was hätte ein tugendhafter Atheist dann zu fürchten, der im Moment seines Todes [...] einem Gott gegenüberstünde, den er zeit seines Lebens verkannt und ignoriert hat? „O Gott, der du dich unsichtbar gemacht hast", würde er sagen, „unbegreifliches Wesen, das ich zu entdecken nicht fähig war, verzeih mir, dass der beschränkte Verstand, den du mir gabst, dich nicht hat erkennen können."

Paul Thiry D'Holbach, franz. Philosoph (1723 - 1789)

Wenn es einen Gott gibt, muss der Atheismus ihm wie eine geringere Beleidigung vorkommen als die Religion.

Edmond de Goncourt, franz. Schriftsteller (1822 - 1896)

Wer sich auf Wissenschaft, Philosophie und Kunst berufen kann, weiß, dass den Religionen weit bessere weltliche Alternativen gegenüberstehen.

Michael Schmidt-Salomon, dt. Philosoph (1967 -)

9. Sinn

Eine der häufigsten Fragen an Atheisten bezieht sich auf den Lebenssinn. Anscheinend ist es für gläubige Menschen unvorstellbar, einen solchen außerhalb der Religion finden zu können.

Auf die schwierige Frage nach dem Lebenssinn gibt es wohl keine allgemeingültige Antwort. Das Universum ist uns keinen Sinn schuldig. Die Welt hält keinen vorgefertigten Sinn für uns parat. Jeder wird die Frage für sich selbst beantworten müssen. Sinnstiftend kann vieles sein: Familienglück, ehrenamtliches Engagement, künstlerisches Schaffen usw.

Der Mensch hat die Freiheit, den Sinn aus sich selbst zu schöpfen. Dies mag anstrengender erscheinen als die kritiklose Annahme einer vorgegebenen (dafür aber sehr eingeschränkten) Sinngebung, wie sie die Religion anbietet. Doch die individuelle Sinnsuche lohnt sich und macht am Ende frei.

In diesem letzten Buchkapitel finden sich zahlreiche Anregungen zur eigenen Sinnfindung. Die Akzeptanz der eigenen Sterblichkeit, das Wissen um die Einmalig- und Endlichkeit dieses Lebens schärft dabei die Sinne und verhindert, dass man mit dem wertvollen Juwel der eigenen Existenz nachlässig oder verschwenderisch umgeht oder – wie schon so viele Menschen – auf ein besseres Leben im Jenseits hofft, das es höchstwahrscheinlich nie geben wird.

Kriemhild Klie-Riedel hat zur Sinnfrage ein wunderbares Gedicht verfasst:

Warum ich bin

Mich schuf kein Schöpfergott,
kein Weltengeist.
Ich bin ein Zufallsmensch,
ein evolutionärer.
Nur trägt sich dieses Wissen
weitaus schwerer,
als wenn mich jemand
ein Kind Gottes heißt.

Denn so muss ich
dem blinden Zufallsleben
erst einen Sinn, den es
aus solcher Sicht nicht hat,
allein verantwortlich
an Gottes eigener Statt
nach eigenem Ermessen
selber geben.

Das fordert mich!
Die große Daseinsfrage
wird täglich neu
und sehr real gestellt,
und ihre Antwort kommt
allein von dieser Welt
und nicht aus einem Jenseits
fern und vage.

Warum ich lebe?
Weil ein MENSCH ich bin
geworfen in die
Zufallsspanne Zeit,
um einzig sie zu fülln
mit MENSCHLICHKEIT.
Das ist, so meine ich,
der Sinn,
warum ich bin.

Also, nun kommt der Sinn des Lebens. Nun, es ist wirklich nichts Besonderes. Versuch einfach nett zu den Leuten zu sein, vermeide fettes Essen, lese ab und zu ein gutes Buch, lass dich mal besuchen, und versuch mit allen Rassen und Nationen in Frieden und Harmonie zu leben.

Monty Python, brit. Komikergruppe, im Film „Der Sinn des Lebens" (1983)

Am Fußball kann man ablesen: Etwas Sinnloses kann etwas ganz Herrliches sein.

Dieter Nuhr, dt. Kabarettist (1960 -)

Auch ich erstarre in Ehrfurcht vor dem Universum. Auch ich bin glücklich, hier zu sein. Das Problem ist nur: Es gibt da draußen niemanden, dem ich danken könnte.

Daniel Dennett, amerik. Philosoph (1942 -)

Bleiben Sie neugierig, realisieren Sie Ihre guten Ideen und füllen Sie Ihre Tage mit Leben und nicht Ihr Leben mit Tagen.

Richard David Precht, dt. Philosoph u. Publizist (1964 -)

Da ist kein Gott mehr, dem ich die Verantwortung überlassen und der sie mir aus der Hand nehmen könnte; kein Gott, den ich bitten könnte und der für mich etwas tut. Nein, das muss – darf! – ich schon selbst tun. Ich bin kein Kind mehr an der Hand des himmlischen Vaters, sondern ein Erwachsener, der sein Leben selbst in die Hand nimmt.

Reinhold Miller, dt. Pädagoge u. Autor (1943 -)

Da kann man wahrlich demütig werden im Angesicht seines Schöpfers, der allerdings, wie sich herausstellt, kein „Wer" ist, sondern eine Kette von Mutationen, die erheblich zufälliger ablaufen, als unsere Eitelkeit es sich wünschen würde.
Christopher Hitchens, amerik. Autor (1949 - 2011)

Das Bewusstsein eines erfüllten Lebens und die Erinnerung an viele gute Stunden sind das größte Glück auf Erden.
Marcus Tullius Cicero, röm. Politiker u. Philosoph (106 - 43 v. Chr.)

Das Heraustreten aus der instinktgesteuerten Dumpfheit des tierischen Lebens durch das Erwachen des Bewusstseins brachte dem Menschen als Lohn die Freiheit. Der Preis dafür ist die anhaltende Last der Verantwortung, das Steuer nun künftig selbst in die Hand nehmen zu müssen. Die Angst vor dieser Verantwortung führt immer wieder zur Flucht in vermeintlich heilsversprechende Anderswelten im Dies- und vor allem im Jenseits. Da diese Welten aber ausnahmslos Wunschprojektionen sind, können sie ihre Versprechen nicht halten und führen nur dazu, dass der Mensch das Steuer vertrauensvoll aus der Hand gibt, bis er blind vor Glauben irgendwo ungebremst an die Wand fährt. Dagegen hilft, auch wenn es anstrengend ist, immer nur eins: Augen aufmachen, selber denken und selber lenken.
Helge Nyncke, dt. Illustrator u. Autor (1956 -)

Das Leben ist wie eine Rolle auf dem Theater; es kommt nicht darauf an, dass lange, sondern dass gut gespielt wird.
Seneca der Jüngere, röm. Philosoph (4 - 65)

Das Leben ohne die Ehefrau kann durchaus unerträglich, öde und leer sein, aber das verhindert leider nicht, dass sie tot ist.
Richard Dawkins, brit. Evolutionsbiologe (1941 -)

Das Schicksal sitzt im Souffleurkasten und liest das Stück unbeirrbar, ruhig und leise. Wir – auf der Bühne – machen erst einen Schwank, eine Tragödie oder gar eine Komödie daraus.
Curt Götz, dt.-schweiz. Schauspieler u. Schriftsteller (1888 – 1960)

Das Staunen über die Beschaffenheit der Welt muss die Suche nach einem Sinn ersetzen. Und das kann es.
Burger Voss, dt. Lebensmittelchemiker (1976 -)

Das Wissen, dass wir nur ein Leben haben, macht dieses Leben umso kostbarer. Entsprechend lebensbejahend und lebensbekräftigend ist die atheistische Weltanschauung, und gleichzeitig ist sie nicht von Selbsttäuschung, Wunschdenken oder dem weinerlichen Selbstmitleid jener gefärbt, die glauben, das Leben sei ihnen etwas schuldig.
Richard Dawkins, brit. Evolutionsbiologe (1941 -)

Dass man sich auch in dieser engen Nische [eines einengenden Systems wie die Religion] ganz kommod einrichten und in gewissem relativen Rahmen auch wohlfühlen kann, sei hier unbestritten. Aber das kann ein betrunkener alkoholkranker Obdachloser unter der Brücke auch und wird trotzdem damit nicht als leuchtendes Beispiel für eine optimal gelungene Lebensführung dienen können.
Helge Nyncke, dt. Illustrator u. Autor (1956 -)

Der Glaube daran, dass es keinen Gott gibt, gibt mir mehr Raum für meinen Glauben an Familie, Menschen, Liebe, Wahrheit, Schönheit, Wackelpudding und all die anderen Dinge, die ich beweisen kann und die mein Leben zum besten Leben machen, dass ich je haben werde.
Penn Jillette, amerik. Komiker (1955 -)

Der Glaube dient in erster Linie dazu, ein sinnloses, todgeweihtes Leben in eine hoffnungsvolle Veranstaltung umzuwandeln, mit anderen Worten: Er ist eine Illusion, die uns hilft, das Unerträgliche erträglich zu machen.
Dieter Nuhr, dt. Kabarettist (1960 -)

Der Himmel als Erfindung der Menschen, um in der Welt erträglicher leben zu können.
Reinhold Miller, dt. Pädagoge u. Autor (1943 -)

Der Mensch ist ein Zigeuner am Rande des Universums, das für seine Musik taub ist und gleichgültig gegen seine Hoffnungen, Leiden oder Verbrechen.
Jaques Monod, franz. Biochemiker (1910 - 1976)

Der Mensch ist eine Luftblase der Nichtigkeit, die auf dem Ozean der Leere dahintreibt.
Jean-Paul Sartre, franz. Philosoph (1905 - 1980)

Der Mensch muss nicht erlöst werden, er steht vor der viel schwierigeren Aufgabe, sich selbst zu erlösen: Er ist in seine eigene Falle gerannt. Die Aufgabe, der sich die Menschheit gegenübersieht, ihr Weiterbestehen zu ermöglichen, ist so schwer, dass kein Gott ihr helfen kann. Nur sie sich selbst.

Friedrich Dürrenmatt, schweiz. Schriftsteller (1921 - 1990)

Die Annahme, jemand anders (bei Kindern die Eltern, bei Erwachsenen Gott) hat die Aufgabe, unserem Leben Sinn und Bedeutung zu geben, hat etwas Kindisches. Es ist die infantile Haltung dessen, der mit dem Fuß umknickt und sofort jemanden sucht, den er deswegen verklagen kann.

Richard Dawkins, brit. Evolutionsbiologe (1941 -)

Die Deutung des Menschen als beseeltes Geschöpf Gottes und sein Ebenbild bleibt allenfalls ein poetischer, ein die nur gedachte Seele erwärmender Gedanke.

Uwe Lehnert, dt. Bildungsinformatiker (1935 -)

Die Evolution liefert uns keine "Haltegriffe" für unser Handeln, sie schreibt uns nicht vor, was wir tun oder unterlassen sollen. Aber die Evolutionstheorie zeigt uns, dass wir mit allen anderen Lebewesen auf der Erde verbunden sind, vor unserer eigenen Entwicklungsgeschichte nicht davonlaufen können und uns in dem Maße, in dem wir die natürlichen und damit unsere eigenen Lebensräume zerstören, den Boden unter unseren eigenen Füßen wegziehen [...] Insgesamt also ist das Evolutionsdenken eine der tragenden Säulen eines säkularen, humanistischen Weltbildes.

Franz Wuketits, österr. Biologe (1955 -)

Die finalistische Verwechslung von Ursache und Zweck ist weit verbreitet. So meinen Kreationisten (Schöpfungsgläubige) aus der Tatsache, dass die Menschheit nur deshalb existiert, weil die grundlegenden Parameter unseres Universums von Anfang an so und nicht anders aussahen [...], ableiten zu können, dass diese Parameter von einem intelligenten Designer von Anfang an genau so und nicht anders bestimmt wurden, damit die Menschheit irgendwann einmal existieren kann.

Michael Schmidt-Salomon, dt. Philosoph (1967 -)

Die Kirche traut den Menschen eine selbstständige Lebensplanung und Sinngebung nicht zu und will sie auch nicht zulassen, weil sie als Kirche dann Einfluss und Macht über die „Seelen" verlieren würde.

Uwe Lehnert, dt. Bildungsinformatiker (1935 -)

Die meisten Menschen haben Angst vor dem Tod, weil sie nicht genug aus ihrem Leben gemacht haben.

Peter Ustinov, brit. Schauspieler (1921 - 2004)

Die Menschen erfinden Wesen, die ihnen helfen, die oft grausamen Schicksalsschläge einigermaßen zu überstehen; die ihnen das Leben erträglicher machen; die ihnen beistehen, unvorhergesehene Geschehnisse in ihr Leben zu integrieren.

Reinhold Miller, dt. Pädagoge u. Autor (1943 -)

Die Religion ist ein verzweifelter Versuch, der grausamen Welt und unserem fürchterlichen Los zu entfliehen. Wir leben in diesem Universum ohne die geringste Ahnung, ob unserer Existenz irgendeine wirkliche Bedeutung zukommt. Kein Wunder also, dass viele Menschen das Bedürfnis nach einem Glauben verspüren, der ihnen Halt und Sicherheit gewährt; und kein Wunder, dass sie Leuten wir mir böse sind, die ihnen sagen, dass sie sich einer Illusion hingeben.

Fred Hoyle, brit. Astronom (1915 - 2001)

Die uns von der Naturwissenschaft übermittelte Botschaft, dass wir zufällig auf der Welt sind, dass keine jenseitige, uns zugewandte Macht erkennbar ist und dass auf uns zum Schluss nur der Tod wartet, ist ernüchternd und für viele erschütternd. Aber wissenschaftliche Erkenntnisse einfach zu ignorieren, weil nicht sein kann, was nicht sein darf, ist auch wenig überzeugend.

Uwe Lehnert, dt. Bildungsinformatiker (1935 -)

Die Welt, in der wir leben, lässt sich als das Ergebnis von Wirrwarr und Zufall verstehen; wenn sie jedoch das Ergebnis einer Absicht ist, muss es die Absicht eines Teufels gewesen sein. Ich halte den Zufall für eine weniger peinliche und plausiblere Erklärung.

Bertrand Russell, engl. Philosoph u. Mathematiker (1872 - 1970)

Die Welt ist einfach da, frei von jedem Sinn, sie ist in diesem Verständnis in der Tat „Sinn-los". Der Mensch ist folglich aufgerufen, den Sinn seines Lebens aus sich selbst zu schöpfen.

Uwe Lehnert, dt. Bildungsinformatiker (1935 -)

Die Zeit, glücklich zu sein, ist jetzt. Der Ort, glücklich zu sein, ist hier. Und der Weg, glücklich zu werden, besteht darin, andere glücklich zu machen.

Robert G. Ingersoll, amerik. Politiker (1833 – 1899)

Diejenigen, die sich die meisten Gedanken über den Tod machen, wissen am wenigsten über das Leben.

Friedrich Nietzsche, dt. Philosoph (1844 – 1900)

Eine vorübergehende Lebensform auf einem unbedeutenden Planeten zu sein, ist [...] nicht per se kränkend, sondern nur für den, der überzogene Ansprüche an die Wirklichkeit stellt.

Michael Schmidt-Salomon, dt. Philosoph (1967 -)

Es geht uns bei der Frage nach der sinnerfüllten Existenz gar nicht um den (sehr wahrscheinlich gar nicht existierenden) großen Sinn an sich, um die letzte Frage nach dem Leben, dem Universum und dem ganzen Rest [...], sondern bloß um den weit bescheideneren Sinn für uns, um die Zusammenhänge, die wir kulturell geprägte Affen auf einem kleinen Planeten am Rande der Milchstraße als für unser Leben wichtig erachten.

Michael Schmidt-Salomon, dt. Philosoph (1967 -)

Es gibt keine ewigen Wahrheiten in einer endlichen Welt. Jede Zeit hat ihre eigenen Wahrheiten, die sich im jeweiligen Kontext der verschiedenen Epochen verändern.

Reinhold Miller, dt. Pädagoge u. Autor (1943 -)

Für immer noch viel zu viele ist es schwer zu ertragen, dass der Mensch wie alle anderen Lebewesen auf sich selbst geworfen bleibt. Sein Schicksal steht nirgendwo geschrieben, seine Existenz ist nicht ohne weiteres schon sinnhaft, er kann sich bei seiner Suche nach Sinn auf nichts berufen. Das ist schlimm für Träumer, doch eine Erleichterung für jeden, der aufgeklärt und stark genug ist, keine Sinnstifter, "Vorbilder" und selbst ernannte Heilsbringer zu brauchen. Ein Mensch eben, der sich, ausgerüstet mit dem Wissen um die eigene höchst profane Herkunft, imstande sieht, sein Herz in beide Hände zu nehmen, sein Schicksal tapfer zu bewältigen und seinen eigenen Lebenssinn zu suchen – selbst auf die Gefahr hin, dabei zu scheitern.

Horst Herrmann, dt. Kirchenrechtler (1940 -)

Gerade die Akzeptanz der metaphysischen Sinnlosigkeit unserer Existenz schafft erst den Freiraum für die individuelle Sinnstiftung. Erst wenn wir anerkennen, dass unser Leben keinen über uns selbst hinausweisenden Sinn hat, kommen wir in den Genuss, über uns selbst hinauszuwachsen, indem wir unserem Leben einen über uns selbst hinausweisenden Sinn geben.

Michael Schmidt-Salomon, dt. Philosoph (1967 -)

Hilfe kommt nicht vom Jenseits, der Mensch kann sich nur selbst helfen. Die christliche Religion hat ihn viel zu lang davon abgehalten, sich seiner Möglichkeiten und Kräfte bewusst zu werden.

Uwe Lehnert, dt. Bildungsinformatiker (1935 -)

Homo sapiens erscheint dem kritischen, wissenschaftlich gebildeten Betrachter heute nicht mehr als gottgewollte Krönung einer gut gemeinten, gut gemachten Schöpfung, sondern als unbeabsichtigtes, kosmologisch unbedeutendes und vorübergehendes Randphänomen eines sinnleeren Universums. Das mag auf den ersten Blick trostlos erscheinen – und doch ist diese Botschaft keineswegs düster. Evolutionäre Humanisten betonen nämlich, dass gerade die Akzeptanz der tiefen metaphysischen Sinnlosigkeit unserer Existenz den Freiraum zur individuellen Sinnstiftung schafft. In einem „an sich" sinnlosen Universum genießt der Mensch das Privileg, den Sinn des Lebens aus seinem Leben selbst zu schöpfen.

Michael Schmidt-Salomon, dt. Philosoph (1967 -)

Ich bestreite, dass es im menschlichen Leben einen vorgegebenen Sinn gibt. Der Sinn fällt nicht vom Himmel. Die allermeisten, die Sinn brauchen, bemühen eine Religion oder eine Sekte. Damit beginnt die Fremdbestimmung. Mir wächst Sinn zu, indem ich mich für etwas – einen Menschen, ein Tun – begeistere, wenn ich mit Vehemenz ein Ziel verfolge.

Reinhold Messner, ital. Bergsteiger (1944 -)

Ich fürchte den Tod nicht. Ich war Milliarden und Abermilliarden Jahre tot, bevor ich geboren wurde, und es hat mir nicht die geringsten Unannehmlichkeiten bereitet.

Mark Twain, amerik. Schriftsteller (1835 - 1910)

Ich glaube nicht an Himmel und Hölle. Ob es einen Gott gibt, weiß ich nicht. Was ich aber weiß, ist, dass ich dieses

Leben, das wahrscheinlich das einzige ist, das ich je leben werde, besser nicht vergeuden sollte.

George Clooney, amerik. Schauspieler (1961 -)

Ich meine, dass wir uns eingestehen müssen, dass das Universum nicht teilnimmt an unserem Denken in den Kategorien von Sinn, Bedeutung, Absicht oder Ziel.

Uwe Lehnert, dt. Bildungsinformatiker (1935 -)

In einem Universum mit blinden physikalischen Kräften [...] werden manche Menschen verletzt, andere haben Glück, und man wird darin weder Sinn und Verstand noch irgendeine Gerechtigkeit finden. Das Universum, das wir beobachten, hat genau die Eigenschaften, mit denen man rechnet, wenn dahinter kein Plan, keine Absicht, kein Gut oder Böse steht, nichts außer blinder, erbarmungsloser Gleichgültigkeit.

Richard Dawkins, brit. Evolutionsbiologe (1941 -)

In einem Weltall ohne Ziel und Sinn ist es unsere ureigene Aufgabe, unserem flüchtigen Dasein selbst Ziel und Sinn zu verleihen. Das ist durchaus möglich, wenn wir keine übersteigerten spirituellen Erwartungen hegen, wie sie jahrtausendelang von den Religionen genährt worden sind.

Joachim Kahl, dt. Philosoph u. Soziologe (1941 -)

Irgendwann wird es mit großer Wahrscheinlichkeit dazu kommen, dass der letzte Mensch den allerletzten Atemzug macht. Dann wird unserer Spezies blühen, was jedem Einzelnen von uns ohnehin blüht: Wir werden vergessen sein und selbst das Vergessen wird vergessen sein. Niemand wird sich daran erinnern, wie „großartig" wir waren und wie sehr wir uns abgemüht haben, den paar Lebensjahren, die uns zur Verfügung stehen, einen halbwegs tragfähigen Sinn zu geben. Wir sollten uns hier nichts vormachen: Am Ende aller Tage wird ganz gewiss nicht der dauergrinsende Mr. Fortschritt stehen, sondern das heillose, trostlose, ewige Nichts.

Michael Schmidt-Salomon, dt. Philosoph (1967 -)

Ist der Gedanke wirklich so unerträglich, dass man aus dem Nichts kommt, für einen kosmischen Augenblick dieser Welt gewahr wird und wieder im Nichts verschwindet? Ist es nicht vielmehr als etwas Unbegreifliches, Unfassbares, ja Unergründliches zu betrachten, dass die Gesetze dieses Kosmos aus dessen Bausteinen etwas zusammengefügt haben, das ein Bewusstsein von sich und dieser Welt entwickelt hat und das sich als einmaliges Ich erlebt?

Uwe Lehnert, dt. Bildungsinformatiker (1935 -)

Ist es nicht auch schön und tröstlich, könnte man doch fragen, dass einem die Fehler und Sünden irgendwann vergeben werden, dass man wieder aufatmen, sich von seiner wie auch immer gearteten Schuld befreien kann? Macht das nicht das Leben leichter? Wer ernsthaft so fragt, steckt zu seinem Unglück mit beiden Beinen noch ganz tief im religiösen Sumpf. Schon die Frage zeigt, dass er sich in seinem Schutzbedürfnis Hilfe suchend ausgerechnet an jene Instanz wendet, die ihm die ganze Suppe doch erst eingebrockt hat.

Helge Nyncke, dt. Illustrator u. Autor (1956 -)

Jede Anstrengung dient doch nur dazu, die Zeit zwischen Leben und Ableben angemessen zu füllen. Wenn der Tod nicht wäre, hätte man schon beim Aufstehen Schwierigkeiten, sich zum Aufstehen zu überreden. Man könnte ja auch morgen aufstehen oder übermorgen, denn zum Aufstehen hätte man schließlich im Leben noch ewig Zeit.

Dieter Nuhr, dt. Kabarettist (1960 -)

Jeder von uns trägt einen Jahrmilliarden alten „Lebensfunken" in sich, denn der Staffellauf des Lebens ist seit seinem Start auf unserem Planeten niemals abgerissen. Macht man sich die ungeheuren Dimensionen dieses Staffellaufs bewusst, so entdeckt man, dass die wissenschaftliche Welterklärung einem mystischen Gehalt besitzt, der jeden religiösen Schöpfungsmythos in den Schatten stellt: Stellen Sie sich nur vor, wie viele Generationen von Organismen das kostbare Gut des Lebens weitertransportiert haben, von den Protoorganismen der Ursuppe über die ersten Fische, Amphibien, Säugetiere, Affen, über unzählige Generationen von Menschenartigen und Menschen, bis es letztlich zu Ihnen gelangte! Wir sind nicht nur allesamt miteinander verwandt, weil wir aus der gleichen Ursuppe stammen, wir sind vielmehr eins, denn jeder von uns trägt denselben vier Milliarden Jahre alten „Lebenskeim" in sich.

Michael Schmidt-Salomon, dt. Philosoph (1967 -)

Man kann darunter leiden, dass das blinde Walten von Zufall und Notwendigkeit im Universum es sehr, sehr unwahrscheinlich macht, dass ein liebevoller, allmächtiger Vater über uns wacht. Man kann es aber genauso gut als Befreiung erleben, dass man sein Leben nach eigenem Gutdünken führen darf, ohne sich den Vorgaben eines imaginären Alphamännchens unterordnen zu müssen.

Michael Schmidt-Salomon, dt. Philosoph (1967 -)

Menschliches Leben heißt: sich erträglich einrichten für ein kurzes Gastspiel auf einem Staubkorn im Weltall, tätig sein mit Sinn und Verstand, mit Anstand und Würde, mit Witz und Humor, schließlich Abschied nehmen von allem für immer – in der Gewissheit, dass niemand da oben zugeschaut hat und bald vergessen sein wird, was gewesen ist.

Joachim Kahl, dt. Philosoph u. Soziologe (1941 -)

Millionen sehnen sich nach Unsterblichkeit, obgleich sie noch nicht einmal an einem verregneten Nachmittag etwas mit sich anzufangen wissen.

Susan Ertz, brit. Schriftstellerin (1894 - 1985)

Nach allem, was wir wissen, folgt unser Universum keinem vorgegebenen Plan, keiner höheren Absicht, sondern unterliegt dem sinnfreien Wechselspiel von Zufall und Notwendigkeit.

Michael Schmidt-Salomon, dt. Philosoph (1967 -)

Natürlich ist die profane Unkenntnis unseres Woher, Warum und Wohin für viele nicht leicht zu ertragen. Schließlich macht der Mensch nichts lieber, als sich sein schnödes Leben großzureden.

Dieter Nuhr, dt. Kabarettist (1960 -)

Nicht den Tod sollte man fürchten, sondern dass man nie beginnen wird zu leben.

Mark Aurel, röm. Kaiser (121 - 180)

Obgleich der Zufall eine Kraft ist, die ganz wesentlich [unser Leben bestimmt], haben wir große Schwierigkeiten, Zufälle als solche zu akzeptieren. Offensichtlich ist unser Gehirn so sehr auf die Herstellung von Sinnzusammenhängen programmiert, dass es leicht der Versuchung unterliegt, in eine rein zufällige Abfolge von Ereignissen eine tiefere Bedeutung hineinzuinterpretieren. [...] Als sinnsuchende Wesen, deren Handlungen Zwecken unterworfen sind, neigen wir dazu, die Kategorien Sinn und Zweck auch auf Phänomene zu projizieren, die bloß zufällig und damit sinnlos sind.

Michael Schmidt-Salomon, dt. Philosoph (1967 -)

Religion und Glauben behaupten, der Mensch sei irgendwie behütet auf seinem wilden Ritt durch die endlosen Weiten des Universums. Damit kommen sie auch der Neigung des Menschen entgegen, sich selbst zu belügen.

Peter Henkel, dt. Philosoph u. Journalist (1942 -)

Seitdem ich an die Endlichkeit des Menschen glaube und mein Glauben an ein ewiges Leben in der „Herrlichkeit Gottes" verschwunden ist, seitdem fühle ich mich gelassener: Keine Vertröstung mehr durch ein Weiterleben nach dem Tod [...] Stattdessen aber erlebe ich eine Verdichtung meines Lebens im Jetzt: Die Endlichkeit nimmt die Gegenwart ernst und sie endet da, wo das Bewusstsein des Menschen mit allen

seinen Sinnen verlöscht. „Ist etwas sinnlos, nur weil es endet?"
fragt K. H. Deschner.
Reinhold Miller, dt. Pädagoge u. Autor (1943 -)

Selbst wenn uns die offenen Fenster der Wissenschaft nach der
gemütlichen Wärme der traditionellen, vermenschlichenden
Mythen zunächst vor Kälte erschauern lassen, so macht uns
die frische Luft am Ende stark, und die unermesslichen Weiten besitzen eine eigene Großartigkeit.
Bertrand Russell, engl. Philosoph u. Mathematiker (1872 - 1970)

Um den Tod zu bannen, klammert homo sapiens ihn kurzerhand aus. Um das Problem nicht lösen zu müssen, unterdrückt er es. Sterben zu müssen betrifft nur die Sterblichen.
Der Gläubige – naiv und einfältig wie er ist – weiß, dass er
unsterblich ist und den Weltuntergang überleben wird...
Michael Onfray, franz. Philosoph (1959 -)

[Unser Leben ist] nichts anderes [...] als ein kurzes Aufblitzen
in der Dunkelheit. Nur haben die Vertreter des religiösen
Ewigkeitsbegriffs diese für sie unerträgliche Leere fleißig mit
Mythen und Legenden angefüllt und unser diesseitiges Leben
noch dazu mit unzähligen Dienstleistungen für die Eintritts-
karte in ihr jenseitiges Fantasialand bestückt, sodass kein Platz
mehr blieb für die simple Erkenntnis, dass wo kein Leben
auch kein Leiden ist, und wir deshalb also überhaupt keine
Angst zu haben brauchen vor der ewigen Verdammnis und
vor dem Nichts.
Helge Nyncke, dt. Illustrator u. Autor (1956 -)

Warum ist es so schwer, die Endlichkeit zu akzeptieren? Woher die Sehnsucht nach Ewigkeit? Weil Menschen ihr Ende, ihre Immanenz nicht ertragen können, weil sie sich über ihre erdgebundene Leiblichkeit hinwegsetzen wollen, weil sie nicht die Demut haben, sich mit und in ihrer Natur zu bescheiden.
Reinhold Miller, dt. Pädagoge u. Autor (1943 -)

Warum sollte das Leben einen Sinn über sich selbst hinaus haben? Genügt es nicht, daß wir da sind, uns unseres Lebens freuen, jeden Tag dankbar und glücklich genießen – solange wir gesund sind? Bedürfen wir der „Rechtfertigung" in einem „höheren Sinn", der über das Dasein hinaus geht?
Iring Fetscher, dt. Politikwissenschaftler u. Autor (1922 - 2014)

Was soll man angesichts [der ungeheuren Dimensionen des Universums] davon halten, wenn eine affenartige Lebensform, die sich zufällig auf diesem Staubpartikel [Erde] entwickelt hat, eine Spezies, die es vor schlappen zwei Milliarden Jahren längst noch nicht gab und die es in zwei Milliarden Jahren wohl längst nicht mehr geben wird, Geschichten erfindet, die davon handeln, dass das gesamte Universum letztlich nur für sie geschaffen wurde? Ist es nicht Ausdruck eines kaum noch steigerungsfähigen Größenwahns, wenn sich diese Trockennasenaffen-Art, die ihre Existenz dem zufälligen Überleben rattengroßer Ursäuger nach dem Einschlag eines zehn Kilometer großen Asteroiden vor 65 Millionen Jahren verdankt, sich einen imaginären Schöpfer des Universums (Gott) einbildet, der nichts Besseres zu tun hat, als sich ausgerechnet in Gestalt dieser Affenart zu inkarnieren (Christentum) oder aber mit Argusaugen darüber zu wachen, ob diese vorübergehende

Lebensform auf ihrem unbedeutenden Planetchen Schweins-
haxen isst oder nicht (Judentum, Islam)?!
Michael Schmidt-Salomon, dt. Philosoph (1967 -)

Wenn ich weiß, dass mein Leben begrenzt ist und ein ewiges
Leben im Jenseits nicht zu erwarten ist, dann werde ich versuchen, dieses Leben hier wesentlich bewusster als bisher üblich
zu gestalten, um das zu erreichen, was ich als ein mich erfül-
lendes und glücklich machendes Leben ansehen würde.
Uwe Lehnert, dt. Bildungsinformatiker (1935 -)

Wer die Illusion des Glaubens, die tröstenden Worte Gottes
und die Religionsmärchen zurückweist und sich statt dessen
für das Wissen und die Intelligenz entscheidet, dem erscheint
die Wirklichkeit so, wie sie ist, nämlich tragisch. Doch eine
Wahrheit, die auf der Stelle für Ernüchterung sorgt und so
verhindert, dass einem das Leben völlig entgleitet, weil man es
als lebender Toter führt, ist besser als eine Geschichte, die
zwar für den Augenblick trösten mag, uns aber um das Wenige bringt, was wir wirklich haben: ein Leben im Hier und
Jetzt.
Michael Onfray, franz. Philosoph (1959 -)

Wer einmal Hawkings Ausführungen zum „Ereignishorizont"
gelesen hat, [...] den wird Mose und sein unscheinbarer „bren-
nender Dornbusch" ziemlich kalt lassen.
Christopher Hitchens, amerik. Autor (1949 – 2011)

Wer nur das Paradies im Auge hat, übersieht die Erde. Die
Hoffnung auf ein Jenseits und die Sehnsucht nach dem

Himmelreich führen im Hier und Jetzt unweigerlich zur Verzweiflung.

Michael Onfray, franz. Philosoph (1959 -)

Wer verhindern will, Unsinniges zum Lebenssinn zu erheben, kommt nicht umhin, die verschiedenen Sinnangebote logisch-empirischen Eignungstests zu unterziehen.

Michael Schmidt-Salomon, dt. Philosoph (1967 -)

Wir alle müssen sterben, das heißt, wir haben Glück gehabt. Die meisten Menschen sterben nie, weil sie nie geboren wurden. Die Männer und Frauen, die es rein theoretisch an meiner Statt geben könnte und die in Wirklichkeit nie das Licht der Welt erblicken werden, sind zahlreicher als die Sandkörner in der Sahara.

Richard Dawkins, brit. Evolutionsbiologe (1941 -)

Wir existieren nur für einen kurzen Augenblick zwischen dem großen Vergessen, das vor uns war und nach uns sein wird, auf einem unbedeutenden Planeten, der einen kleinen Stern am Rande der Milchstraße umkreist, eine Galaxie unter Milliarden von Galaxien.

Paul Kurtz, amerik. Philosoph (1925 - 2012)

Wir säkularen Humanisten, Atheisten und Agnostiker wollen die Menschheit durchaus nicht all ihrer Wunder und Tröstungen berauben. Nicht im Geringsten. Die komplexen Aufnahmen des Hubble-Raumteleskops sind eindrucksvoller, rätselhafter und schöner, aber auch chaotischer, übermächti-

ger und beängstigender als jeder Schöpfungsmythos und jede Endzeitvision.
Christopher Hitchens, amerik. Autor (1949 - 2011)

Wir sind das Ergebnis von Geschichte, und wir müssen selbst unsere Wege festlegen in diesem vielfältigsten und interessantesten aller denkbaren Universen, einem Universum, das gleichgültig ist gegen unser Leiden und uns daher die größte Freiheit gewährt, zu gedeihen oder zu scheitern auf die Weise, die wir gewählt haben.
Stephen Gould, amerik. Evolutionsbiologe (1941 - 2002)

Wir sind nur Zuckerwürfel im Ozean des Lebens. Nehmen wir es hin und genießen unsere Zeit.
Burger Voss, dt. Lebensmittelchemiker (1976 -)

Wir sind von einer endlosen Fülle der schönsten und wunderbarsten Formen umgeben, und das ist [...] die unmittelbare Folge der Evolution durch nichtzufällige natürliche Selektion – des Spiels der Spiele, der größten Schau der Welt.
Richard Dawkins, brit. Evolutionsbiologe (1941 -)

Wir verlangen, das Leben müsse einen Sinn haben – aber es hat nur ganz genau so viel Sinn, als wir selber ihm zu geben imstande sind.
Hermann Hesse, dt.-schweiz. Dichter (1877 - 1962)

Zweiundvierzig.
Antwort des Supercomputers „Deep Thought" in Douglas Adams' „Per Anhalter durch die Galaxis" (veröffentlicht im Jahr 1979) nach einer Rechenzeit von 7,5 Millionen Jahren auf die Frage „nach dem Leben, dem Universum und dem ganzen Rest"

Literaturhinweise

Viele der Zitate stammen aus den nachstehenden Büchern, die ich dem interessierten Leser zur weiteren Vertiefung sehr empfehle:

Buggle, Franz: Denn sie wissen nicht, was sie glauben

Dawkins, Richard: Der Gotteswahn

Deschner, Karlheinz: Abermals krähte der Hahn – Eine kritische Kirchengeschichte

Harris, Sam: Brief an ein christliches Land

Henke, Peter: Ach, der Himmel ist leer

Hitchens, Christopher: Der Herr ist kein Hirte

Lehnert, Uwe: Warum ich kein Christ sein will

Miller, Reinhold: Gott, ein Geschöpf des Menschen

Nuhr, Dieter: Wer's glaubt, wird selig

Nyncke, Helge: Eine gotteslästerliche Floßfahrt

Onfray, Michael: Wir brauchen keinen Gott

Schmidt-Salomon, Michael: Jenseits von Gut und Böse

Schmidt-Salomon, Michael: Manifest des evolutionären Humanismus

Personenverzeichnis

218